Band 242

Harald Haarmann

Grundzüge der Sprachtypologie

Methodik, Empirie
und Systematik der Sprachen Europas

Verlag W. Kohlhammer
Stuttgart Berlin Köln Mainz

CIP-Kurztitelaufnahme der Deutschen Bibliothek

Haarmann, Harald
Grundzüge der Sprachtypologie: Methodik, Empirie u. Systematik d. Sprachen Europas. – 1. Aufl. – Stuttgart, Berlin, Köln, Mainz: Kohlhammer, 1976.
  (Urban-Taschenbücher; Bd. 242)
  ISBN 3-17-002486-8

Alle Rechte vorbehalten
© 1976 Verlag W. Kohlhammer GmbH
Stuttgart Berlin Köln Mainz
Verlagsort: Stuttgart
Umschlag: hace
Gesamtherstellung: W. Kohlhammer GmbH
Grafischer Großbetrieb Stuttgart
Printed in Germany

Inhalt

Vorwort 7

1. Sprachtypologie und ihre linguistischen Implikationen ... 9

1.1. Die Sprachtypologie als linguistische Teildisziplin 9
1.2. Sprachtheoretische Implikationen: Sprachkonzeption und Systembegriff 22
1.3. Das Sprachendiagramm Europas als Studienobjekt des multilateralen Vergleichs 35

2. Typologie der Ganzsysteme europäischer Sprachen 43

2.1. Numerische Taxonomie und ihre Anwendung auf Ganzsysteme . 43
2.2. Der idealtypische Ansatz in der Sprachklassifikation 54
2.3. Ansätze zur Analyse von Ganzsystemen (Integrierende Gesamtbeschreibung von Teilsystemen) 59

3. Typologie der Teilsysteme europäischer Sprachen 65

3.1. Die Typisierung von Teilsystemen: Die Verbsysteme europäischer Sprachen 70
3.2. Die Problematik der paradigmatischen Einbettung einzelner Systemkategorien im Teilsystem 87
3.3. Die Analyse deiktischer Kategorien und ihre pragmatische Verwertbarkeit 93

4. Typologie der Systemeinheiten europäischer Sprachen ... 104

4.1. Europäische Universalien (Europeme) 105
4.2. Majoritäre und minoritäre Systemkategorien 112
    4.2.1. Phonologische Eigenschaften 113
    4.2.2. Morphologische Eigenschaften 125
    4.2.3. Syntaktische Eigenschaften 140
4.3. Europäische Isolationismen 147

Literaturverzeichnis 154

Vorwort

Die allgemeine Sprachwissenschaft hat ihre standortmäßigen Schwerpunkte hinsichtlich der sprachtheoretischen und methodischen Orientierung im Verlauf ihrer Entwicklung wiederholt verlagert und dabei die Perspektiven ihrer Interessen und Ansprüche ständig erweitert. Nicht anders steht es in dieser Hinsicht mit der Sprachtypologie. Die folgende Stellungnahme spiegelt exemplarisch die Unterschiede zwischen Standorten der Sprachtypologie des 19. Jahrhunderts und heutigen Zielvorstellungen wider. Als Ziele einer allgemeinen Sprachtypologie betrachten Altmann und Lehfeldt:

»a) die *Sprachklassifikation,* d. h. den Aufbau eines Ordnungssystems für die natürlichen Sprachen aufgrund ihrer globalen Ähnlichkeit;
b) die *Aufdeckung des Konstruktionsmechanismus* der Sprachen, d. h. den Aufbau eines Beziehungssystems, eines ›Netzes‹, an dem man nicht allein die offensichtlichen, kategorischen, sondern auch die latenten Mechanismen der Sprache ablesen kann« (Altmann – Lehfeldt 1973. 15).

Die Anforderungen, die hiermit an die Sprachtypologie gestellt werden, transzendieren bei weitem die der Sprachtypologen des 19. Jahrhunderts mit ihrem Bemühen, Sprachen aufgrund von Ähnlichkeiten bestimmter morphologischer Eigenschaften nach Typen zu klassifizieren (vgl. Diskussion der Typenskalen bei Lohmann 1975. 207ff.). Die älteren Vorstellungen über die Aufgaben der Sprachtypologie haben sich allerdings bis in die heutige Zeit gehalten (vgl. Hjelmslev 1968. 107ff.).
Die vorliegende Studie mit Einführungscharakter stellt sich die Aufgabe, die Sprachtypologie als moderne linguistische Teildisziplin zu verstehen. Im Vordergrund steht dabei für mich die Erarbeitung einer Systematik des Studienobjekts, wobei ich eine grundsätzliche arbeitstechnische Differenzierung in eine Typologie sprachlicher Ganzsysteme (vgl. Kap. 2), sprachlicher Teilsysteme (vgl. Kap. 3) und sprachlicher Systemkategorien (vgl. Kap. 4) vorsehe. Die vielfältigen Aspekte sprachtypologischer Studien konnten nur auswahlweise behandelt werden. Ich habe mich um einen größtmöglichen Ausgleich zwischen fremden und eigenen Ansätzen bemüht, Entsprechendes gilt auch für die Anwendung quantifizierender und nichtquantifizierender Methoden. Dressler (1967. 1, 7ff.) stellte fest, daß der paradigmatische Aspekt der Sprachbetrachtung (Bereich der grammatischen Kategorien) in der Sprachtypologie ver-

nachlässigt worden sei. Meines Erachtens hat diese Feststellung bis heute Gültigkeit. Ich habe diesbezüglich einen Ausgleich in der Richtung angestrebt, daß ich der Problematik der paradigmatischen Sprachtypologie besondere Aufmerksamkeit gewidmet habe. Ursprünglich hatte ich ein eigenes Kapitel über die Geschichte der Sprachtypologie sowie ein weiteres über die komplexe Problematik des Sprachwandels vorgesehen, die beide den Umfang der vorliegenden Studie beträchtlich erweitert hätten und deshalb aus Platzgründen nicht aufgenommen werden konnten. Einige Aspekte der wissenschaftsgeschichtlichen Betrachtung im Abriß finden sich im ersten Kapitel (vgl. 1.1.). Die Konzentration auf die Sprachen Europas als Arbeitsfeld sehe ich als besonderen Vorteil an, der sich einerseits arbeitstechnisch begründet (die Sprachen Europas sind relativ gut erforscht und eignen sich für einen multilateralen Vergleich), andererseits auf einer wissenschaftstheoretischen Motivation beruht (eine europabezogene Sprachtypologie könnte zur Intensivierung einer interdisziplinären Linguistik beitragen, an der auch die Massenfächer stärker als bisher Anteil nehmen können). Dieses Buch versucht, dem Forschungsprinzip einer sprachtypologischen Betrachtungsweise mit Bezug auf das europäische Sprachendiagramm zu seinem berechtigten Standort zu verhelfen.

Meiner Frau, FM Anna-Liisa Värri Haarmann, möchte ich an dieser Stelle für die Unterstützung bei der Ausarbeitung der von mir verwendeten finnischen Sprachmaterialien danken (vgl. Übersichten in 4.1. und 4.2.). Mein Dank gilt auch Herrn Prof. J.-P. Köster, der mir freundlicherweise zwei Sonagramme (vgl. 4.3.) im Sprachlabor der Universität Trier herstellte.

Ergänzend sollte am Schluß des Bandes ein Sachregister sowie ein Sprachenindex stehen. Aus Raumgründen mußte leider darauf verzichtet werden.

Trier, August 1976   *Harald Haarmann*

1. Sprachtypologie und ihre linguistischen Implikationen

Die Gliederung dieses Kapitels liegt begründet in einer bestimmten Zielsetzung, so divergierend die Überschriften zu den einzelnen Abschnitten auf den ersten Blick auch anmuten. In diesem Kapitel sind diejenigen Ausführungen zusammengefaßt, die sich mit dem Standort der Sprachtypologie als linguistischer Teildisziplin und den damit verbundenen Implikationen befassen. Für die Standortbestimmung ist ein kurzer wissenschaftsgeschichtlicher Abriß notwendig (vgl. 1.1.), da durch neuere Forschungen eine Revision traditioneller Auffassungen über die Entwicklung der Sprachtypologie im Rahmen der allgemeinen Sprachwissenschaft unumgänglich zu sein scheint. Als moderne Teildisziplin hat sich die Sprachtypologie mit den für alle linguistischen Teildisziplinen unerläßlichen Grundprinzipien zu identifizieren. Dies bedeutet die Auseinandersetzung mit Grundbegriffen der Terminologiebildung sowie mit theoretischen Elementen sprachlicher Modellvorstellungen. Zu diesen sprachtheoretischen Implikationen gehören Stellungnahmen zur Sprachkonzeption, zum Systembegriff, zu anderen Grundbegriffen wie grammatische Kategorie, Funktion, paradigmatische und syntagmatische Kompetenz usw. (vgl. 1.2.).
Aus wissenschaftstheoretischen Gründen konzentriere ich mich auf die Sprachen Europas, auf das europäische Sprachendiagramm als Studienobjekt (vgl. 1.3.). Spezielle Aufgabenstellungen, die sich für eine europabezogene interdisziplinäre Sprachtypologie hinsichtlich der Sprachklassifikation sowie der Aufdeckung des Konstruktionsmechanismus ergeben, werden in den folgenden Kapiteln aufgezeigt. Die spezielle arealtypologische Problematik der Sprachen Europas habe ich gesondert diskutiert (vgl. Haarmann 1976a).

1.1. Die Sprachtypologie als linguistische Teildisziplin

In wissenschaftsgeschichtlicher Perspektive gilt die Feststellung, daß die Sprachtypologie auf eine ebenso lange Tradition aufbaut wie die Sprachwissenschaft überhaupt. Nach der traditionellen Auffassung liegen die Anfänge der Sprachwissenschaft in den ersten Jahrzehnten des 19. Jahrhunderts (vgl. die Arbeiten der Gebrüder Schlegel und Grimm, von Bopp und Humboldt usw.). Forschungen zur allgemeinen Sprachenkunde des 18. Jahrhunderts haben den

Boden vorbereitet, die ältere Auffassung einer klaren Trennung zwischen Vorgeschichte und Geschichte der Sprachwissenschaft aufzuheben zugunsten einer Einteilung, die inhaltliche Schwerpunkte der allgemeinen Sprachenkunde des 18. Jahrhunderts und der allgemeinen Sprachwissenschaft des 19. Jahrhunderts als Kriterien einer wissenschaftlichen Auseinandersetzung mit dem Phänomen *Sprache* (d. h. mit historischen Einzelsprachen sowie mit Sprache als solcher) zugrunde legt (vgl. zusammenfassende Hinweise bei Haarmann 1976b, 1976c, Monreal-Wickert 1976). Bereits im 18. Jahrhundert wurde die Historizität der Sprache untersucht, stellte jedoch im Rahmen der Gesamtaktivität nur eine Art Unterströmung dar. Die Historisierung des Gegenstandes *Sprache* wurde erst im 19. Jahrhundert zum Hauptprinzip erhoben, und die historisch-vergleichende Methode prägte den Entwicklungsgang der Sprachwissenschaft bis zur Verbreitung der strukturalistischen Lehre. Die Übergänge vom 18. zum 19. Jahrhundert sind nicht nur bezüglich der Auseinandersetzung mit dem Aspekt der Historizität der Sprache (untersucht an konkreten historischen Einzelsprachen) fließend, dies gilt auch für die Klassifikation der Sprachen nach ihrer genetischen Verwandtschaft. Die Grundlagen der genealogischen Konzeption der Sprachfamilien und Sprachgruppen, die das 19. Jahrhundert gefestigt hat, wurden von den Komparativisten im 18. Jahrhundert gelegt (vgl. zur Tradition in der Romanistik Haarmann 1976c). Die allgemeine Sprachenkunde des 18. Jahrhunderts unterscheidet sich viel mehr in ihren Schwerpunkten von der Sprachwissenschaft des 19. Jahrhunderts als in ihren methodischen Konzeptionen. Diese Erkenntnis wird allerdings durch die traditionelle Perspektive verschleiert, die den wissenschaftlichen Standort des 19. Jahrhunderts weitgehend verabsolutiert und damit ›Vorgeschichte der Sprachwissenschaft‹ als ›vorwissenschaftliches Stadium der Beschäftigung mit Sprache(n)‹ interpretiert. Schwerpunkte des 18. Jahrhunderts sind beispielsweise die Beschäftigung mit der Konzeption einer Universalgrammatik, die Erstellung einer Systematik der Bereiche der Sprachenkunde sowie die Klassifikation der Sprachen. Die Verlagerung des Schwergewichts auf die Untersuchung der Herkunft der Sprachen (historischer Aspekt) sowie auf den Vergleich zwischen genetisch verwandten Sprachen (vergleichender Aspekt) charakterisiert den Übergang vom 18. zum 19. Jahrhundert. Die Durchleuchtung der sprachwissenschaftlichen Leistungen des 18. Jahrhunderts wird noch manche Schwierigkeiten zu überwinden haben. Diese stecken weniger in der Sache selbst als in der Sichtweise des heutigen Wissenschaftsgeschichtlers. Wir haben uns durch die Tradition des 19. Jahrhunderts an eingefahrene

Vorstellungen über die geschichtliche Periode der Sprachwissenschaft gewöhnt. Es gilt diesen Standort zu revidieren, »da wir immer noch im Zeitalter oder zumindest in der Dimension der deutschen Romantik leben, auch wenn wir es nicht wissen oder wissen wollen« (Coseriu 1972a. 248).

Das 18. Jahrhundert scheint das eigentliche Zeitalter des Aufbruchs der Sprachwissenschaft gewesen zu sein, nicht das 19. Jahrhundert. Diese Vermutung findet einen Rückhalt in Äußerungen über die Thematisierung des Objekts *Sprache* in der Tradition der Sprachphilosophie:

»Die Sprache wird nämlich in der Antike, im Mittelalter und auch noch in der Renaissance, eigentlich bis Vico in Italien, bis Herder und Hamann in Deutschland nicht als solche thematisiert. Es ist dabei gleichgültig, wieviel ›Wahres‹ und Interessantes über die Sprache gesagt wird. Die Sprache wird nicht als solche, als Hauptobjekt dieser älteren Sprachphilosophie, sie wird nur als Übergang zu einem anderen behandelt« (Coseriu 1972a. 13).

Um diese Feststellung, die in ihrer Konsequenz ebenso provozierend wie verblüffend erscheint, besser verstehen zu können, sei darauf hingewiesen, wie Coseriu den Terminus »thematisieren« versteht:

»Schließlich soll noch der Unterschied zwischen *thematisiertem* und *nicht-thematisiertem Objekt* eingeführt werden. Dabei geht es um das *Interesse*, das der Forscher, der sich Fragende dem Objekt, dem Gegenstand entgegenbringt. Einen Gegenstand nennen wir dann als Objekt einer Disziplin thematisiert, wenn nach dem Sinn *seines* Seins gefragt wird mit dem Ziel, dieses Sein festzustellen. Ein Objekt nennen wir nicht-thematisiert, wenn die Frage nach dem Sinn seines Seins nur eine provisorische ist, wenn diese Fragen gerade nicht auf den Gegenstand, sondern im Hinblick auf etwas anderes gestellt werden« (Coseriu 1972a. 13).

Bis ins 18. Jahrhundert wurde Sprache nicht als solche thematisiert, sondern mit ihrer Hilfe thematisierte man andere Objekte; vgl.:
  i) Thematisierung der *Erkenntnis* (vgl. »gewinnt man durch Sprache Erkenntnis?«),
  ii) Thematisierung der *Logik, Dialektik* (vgl. »hat die Sprache für die Logik einen Wert?«),
  iii) Thematisierung der *Philosophie* (vgl. »kann die Sprache für die Philosophie von Nutzen sein?«),
  iv) Thematisierung der *Wahrheit* (vgl. »kann man die Wahrheit durch Sprache finden?«),
usw.

Die Geschichte der Thematisierung des Objekts *Sprache* beginnt demnach im 17. Jahrhundert, und sie erlebt ihren Durchbruch im

18. Jahrhundert. Das 19. Jahrhundert baut auf diese Tradition und setzt neue, jedoch nicht neuartige Akzente.
Die Entwicklung der Sprachtypologie als Teildisziplin der Linguistik läßt sich meines Erachtens auf dem Hintergrund einer nicht traditionsgebundenen wissenschaftsgeschichtlichen Perspektive zutreffender einordnen als im Rahmen der traditionellen Geschichte der Sprachwissenschaft. Die Anfänge der Sprachtypologie liegen im 18. Jahrhundert. Der methodische Ansatz der systematisch-beschreibenden Grammatik, wie er für die strikt a-historisch orientierte Sprachbetrachtung der Rationalisten in Frankreich charakteristisch ist, findet in den Konzeptionen von Sprachtypen nach dem Kriterium ihres grammatischen Baus und nicht ihrer genetischen Verwandtschaft in den Werken von G. Girard (1747), N. Beauzée (1767) sowie R. A. Sicard (1790) ihren Niederschlag (vgl. Monreal-Wickert 1976). Unabhängig von der Tradition der Rationalisten in Frankreich hatte A. Smith (1761) in Schottland eine Klassifikation von Sprachtypen entwickelt. Setzt man die Differenzierung der Sprachtypen bei den genannten Autoren in Beziehung zur Klassifikation bei A. W. Schlegel (1818), wird offenbar, daß bereits das 18. Jahrhundert die gedanklichen Grundlagen geschaffen hat, die im 19. Jahrhundert ausgebaut wurden (vgl. Übersicht auf S. 13 nach Monreal-Wickert 1976. 215). Die Ansätze der Gebrüder A. W. und F. Schlegel, die bis vor kurzem noch als Begründer der sprachtypologischen Tradition angesehen wurden, sind also inhaltlich nicht so neuartig, wenn man die Entwicklung im 18. Jahrhundert beleuchtet. Zudem wird klar, daß die Sprachtypologie auch nicht aus der historisch-vergleichenden Sprachwissenschaft entstanden ist, gleichsam als Ableger einer Hauptströmung. Die diachronische Perspektive, die bei den französischen Rationalisten konsequent unberücksichtigt bleibt, jedoch bei Smith und Schlegel Bestandteil ihrer sprachtypologischen Konzeption ist, muß als methodische Vermengung zweier, im 18. Jahrhundert klar unterschiedener Standorte der Sprachbeschreibung interpretiert werden, und zwar der a-historisch synchronen rationalistischen Sprachbetrachtung und der historisch diachronen sensualistischen Sprachbetrachtung. Die fließenden Übergänge vom 18. zum 19. Jahrhundert werden auch hinsichtlich der Sprachtypologie offensichtlich. Die Sprachtypologie hat sich neben der historischen Sprachbetrachtung entwickelt, konnte sich im 18. Jahrhundert auch frei als Gegenpol mit synchronischer Betrachtungsweise gegenüber der historischen Richtung entfalten, wurde dann aber durch den Druck der dominanten historischen Sprachwissenschaft im 19. Jahrhundert ins Abseits gedrängt.
Humboldt war sicherlich derjenige, der der Sprachtypologie einiges

G. Girard (1747):
langues   –   langues   –   langues mixtes ou
analogues   transpositives   amphilogiques

N. Beauzée (1767):
langues   –   langues ─────────── l. tr. libres
analogues   transpositives ──── l. tr. uniformes
(tertium comparationis: ordre analytique)

A. Smith (1761):
compounded   –   uncompounded (simple, original)
languages   languages

R. A. Sicard (1790):
ordre naturel (métaphysique): ordre grammatical (analytique)
         langues analogues – langues transpositives

A. W. Schlegel (1818):
langues sans   –   langues qui   –   langues à
aucune   emploient des   inflexions
structure   affixes
grammaticale
           langues analy- – langues synthé-
           tiques   tiques

Ansehen verschafft hat, so daß diese Richtung der Sprachwissenschaft nicht ganz verschwand. Bemerkenswert ist die Feststellung, daß die Sprachtypologie im Werk Humboldts als Prinzip der Sprachbetrachtung größere Beachtung findet als andere sprachwissenschaftliche Prinzipien (vgl. Coseriu 1972b), und trotzdem kann sich die Sprachtypologie im 19. Jahrhundert nur schwach behaupten. Ihre Geschichte ist vergleichbar mit einer schütteren Linie, die neben dem Hauptstrang der historischen Komparatistik verläuft. Der sprachtypologische Aspekt läßt das Werk Humboldts als Brückenglied zwischen älteren und neueren Traditionen erscheinen. Im Anschluß an Ramat (1973) sagt Monreal-Wickert hierzu:

»Bei Humboldt ist die Typologie allerdings nicht mehr Relikt aus dem voraufgegangenen Jahrhundert, sondern integrierter Bestandteil seiner globalen Sprachauffassung. Dies ist einer der Gründe, weswegen Humboldt als Glied aufgefaßt werden kann zwischen der Tradition der Port-Royal-Grammatik und der Linguistik des 20. Jahrhunderts. Die Sprachtypologie spannt sich als Bogen vom 18. Jahrhundert, in dem sie entstanden ist, zur modernen Linguistik, die sie auf neue Grundlagen stellt« (Monreal-Wickert 1976. 213).

Charakteristisch für die Entwicklung der Sprachtypologie im 19. Jahrhundert ist, daß sich die Sprachwissenschaftler (vgl. H. Steinthal, M. Lazarus, F. Misteli, A. Schleicher, A. F. Pott, M. Müller u. a.) um die Klassifikation der Gesamtheit aller Sprachen des Erdkreises bemühten, wobei vor allem die Idee Humboldts von der »inneren Sprachform« weiterlebte. Steinthal fundierte mit seiner

1850 erschienenen Studie »Die Classification der Sprachen« (2. Aufl. 1860 mit verändertem Titel, und zwar »Charakteristik der hauptsächlichsten Typen des Sprachbaus«) die These, daß der von ihm geprägte Terminus »Typus des Sprachbaus« nur nach dem Kriterium der inneren Sprachform klassifiziert werden könne. Die Anzahl der postulierten klassifikatorischen Typen schwankt stark. Im 18. Jahrhundert und zu Beginn des 19. Jahrhunderts wird nach zwei (vgl. Smith) bzw. drei Typen (vgl. Girard, A.W., und F. Schlegel) klassifiziert. Die Typenskala erweitert sich bei Humboldt auf vier (vgl. 1. Isolierende, 2. Agglutinierende, 3. Flektierende, 4. Inkorporierende Sprachen), wobei zu beachten ist, daß diese Typisierung Extremtypen umfaßt. Dies besagt, daß im Gegensatz zu den anderen klassifikatorischen Typologien Humboldt davon ausging, daß keine natürliche Sprache einen reinen Typ darstelle, sondern nur die eine oder andere Tendenz stärker ausgebildet habe (vgl. Näheres in 2.2., außerdem Lehfeldt – Altmann 1975). Schleicher greift in seinem »Compendium der vergleichenden Grammatik der indogermanischen Sprachen« (1861/62) auf Schlegels dreigliedrige Differenzierung zurück (ohne Berücksichtigung des vierten von Humboldt aufgestellten Typs). Steinthal unterscheidet insgesamt acht Typen, die er jedoch anders gruppierte als später F. N. Finck in seinem Werk »Die Sprachstämme des Erdkreises« (1909) seine achtgliedrige Typenskala (vgl. Einleitung zu Kap. 3). Misteli erweiterte die Typenzahl auf insgesamt elf, die Finck reduzierte. Die Konzeption von Steinthal veranschaulicht meines Erachtens einen hohen Entwicklungsstand der morphologischen Sprachklassifikation im 19. Jahrhundert. Daher sei seine Klassifikation kurz vorgestellt (vgl. Steinthal 1860. 327; vgl. Tabelle S. 15):
Die Erkenntnis des Systemcharakters der Sprache sowie der Unterscheidung zwischen der Ebene der Rede (parole) und der der Sprache (langue) durch den Strukturalismus erweiterte den Radius der sprachtypologischen Aktivität dahingehend, daß nicht allein der Bau der Sprachen miteinander verglichen und die untersuchten Sprachen verschiedenen Typen zugeordnet wurden, sondern daß auch der Konstruktionsmechanismus der Sprachen sich als Studienobjekt der Sprachtypologie emanzipierte. Das Funktionieren der Sprache wurde als Zusammenwirken der Elemente des Systems untersucht. Wichtige Ansätze für den Bereich der Sprachtypologie finden sich in dem Werk G. v. d. Gabelentz' (1901), der nicht nur ein Vorläufer des Strukturalismus, sondern einer seiner Begründer ist. Allgemein wurde Saussure als Begründer des Strukturalismus bezeichnet und wird es auch heute noch. Diese Feststellung hat allerdings nur Berechtigung, wenn man damit betont, daß das struktura-

A. Formlose Sprachen	1. nebensetzende		I. Die hinterindischen Sprachen.
	2. abwandelnde	a) Inhalts-Bestimmungen durch Reduplication und Präfixe ausdrückend	II. Die polynesischen.
		b) Inhalts-Bestimmungen durch den Wurzeln hinten angefügte Anhänge ausdrückend ..	III. Die ural-altaischen.
		c) Beziehungen und Inhalts-Bestimmungen durch Einverleibung ausdrückend	IV. Die amerikanischen.
B. Form-Sprachen	1. nebensetzend		V. Das Chinesische.
	2. abwandelnd	a) durch lose Anfügung der grammatischen Elemente .	VI. Das Aegyptische.
		b) durch inneren Wandel der Wurzel	VII. Das Semitische.
		c) durch eigentliche Suffixe	VIII. Das Sanskritische.

listische Gedankengut von Saussure (bzw. hauptsächlich durch seine aktiven Schüler) Verbreitung fand und eine neue Epoche in der Wissenschaftstradition der Linguistik einleitete. Unrichtig ist die obige Aussage, wenn man sich damit auf die inhaltliche Seite strukturalistischer Anschauungen bezieht. Es ist inzwischen geklärt, daß zahlreiche Dichotomien, wie sie die Wissenschaftsgeschichte lange Zeit Saussure und seinem »Cours de linguistique générale« (1916) als Quelle zuschrieb, bereits in der Arbeit von Gabelentz erscheinen (vgl. die Differenzierung von innerer und äußerer Sprachwissenschaft/linguistique interne : linguistique externe, Rede und Sprache/parole: langue bzw. systéme, usw., vgl. Coseriu 1969b, 1.2.). Gleichsam als Ausblick seines umfassenden strukturalistischen Lehrgebäudes stellt Gabelentz die Typologie als eine zukunftweisende Aufgabe der Sprachwissenschaft heraus:

»Es scheint aber auch, als wären in der Sprachphysiognomie gewisse Züge entscheidender als andere. Diese Züge gälte es zu ermitteln; und dann müßte untersucht werden, welche andere Eigenthümlichkeiten regelmäßig mit ihnen zusammentreffen. Ich denke an Eigenthümlichkeiten des Wort- und Satzbaues, an die Bevorzugung oder Verwahrlosung gewisser grammatischer Kategorien. Ich kann, ich muß mir aber auch denken, daß alles dies zugleich mit dem Lautwesen irgendwie in Wechselwirkung stehe. Die Induction, die ich hier verlange, dürfte ungeheuer schwierig sein; und wenn und soweit sie gelingen sollte, wird es scharfen philosophischen Nachdenkens bedürfen, um hinter der Gesetzlichkeit die Gesetze, die wirkenden Mächte zu erkennen. Aber welcher Gewinn wäre es auch, wenn wir einer Sprache auf den Kopf zusagen dürften: Du hast das und das Einzelmerkmal, folglich hast du die und die weiteren Eigenschaften und den und den Gesamtcharakter! – wenn wir, wie es kühne Botaniker wohl versucht haben, aus dem Lindenblatte den Lindenbaum construiren könnten. Dürfte man ein ungeborenes Kind taufen, ich würde den Namen *Typologie* wählen. Hier sehe ich der allgemeinen Sprachwissenschaft eine Aufgabe gestellt, an deren Lösung sie sich schon mit ihren heutigen Mitteln wagen darf. Hier würde sie Früchte zeitigen, die jenen der sprachgeschichtlichen Forschung an Reife nicht nachstehen, an Erkenntnisswerthe sie wohl übertreffen sollten. Was man bisher von geistiger Verwandtschaft, von verwandten Zügen stammverschiedener Sprachen geredet hat, das würde hinfort greifbare Gestalt gewinnen, in ziffermäßig bestimmten Formeln dargestellt werden; und nun träte das speculative Denken an diese Formeln heran, um das Erfahrungsmäßige als ein Nothwendiges zu begreifen« (Gabelentz 1901 = 1969. 481).

Wie bereits Coseriu (1969b. 34) feststellte, ähnelt die Konzeption des Sprachtypus bei Gabelentz dem bei Skalička (vgl. zur Klassifikation der Idealtypen nach Skalička Kap. 2).
Wenn oben gesagt wurde, daß der Strukturalismus durch das Aufdecken des Systemcharakters der Sprache ein theoretisches Instrumentarium lieferte, mit dem der Sprachtypologie eine neue Dimension erschlossen wurde (Erschließung des Konstruktionsmechanismus), gilt dies in erster Linie für theoretische Zielsetzungen, nicht aber für die praktische Durchführung der Arbeiten, die zur Erreichung der theoretischen Ansprüche notwendig gewesen wären. Um den Konstruktionsmechanismus einer Sprache aufzudecken, muß sich die typologische Forschung um das Ideal einer Ganzsystemanalyse bemühen, das bis heute lediglich in Modellen existiert (vgl. Kap. 2). Strukturelle Vergleiche von Systemkategorien in ihrer Verankerung in Teilsystemen (vgl. 1.2.) haben bis heute die sprachtypologische Forschung geprägt. Es haben sich verschiedene methodische Richtungen entwickelt und Schwerpunkte (d. h. Konzentration auf bestimmte Teilsysteme) herauskristallisiert. Am intensivsten wurde das phonologische Teilsystem und das Zusammenwirken (Funktionieren) seiner Bestandteile untersucht. Die Leistungen von Mitgliedern des Prager Kreises wie R. Jakobson, N. Trubetzkoy, S. Karcevskij, V. Mathesius u. a. auf dem Gebiet der Typologie von Lautsystemen sind Bestandteil der linguistischen Grundkenntnisse und brauchen daher an dieser Stelle nicht im einzelnen erläutert zu werden. Neben bewußt als solche betriebenen sprachtypologischen Studien sind von den Mitgliedern des Prager Kreises

viele allgemein strukturalistische Erkenntnisse und die Kategorienbildung aus sprachtypologischen Vergleichen gewonnen und für diese eingesetzt worden.

»Wie Voegelin und Yegerlehner (Word 12, 444) richtig bemerkt haben, sind die d(istinctive) f(eatures) zwar als strukturalistisch konzipiert worden, aber unbeabsichtigt als typologische Kriterien ausgefallen, sodaß sie also erst später bewußt, aber dafür in reichem Maße zu typologischen Zwecken eingesetzt wurden« (Dressler 1967. 3).

Die Konzentration auf das phonologische Teilsystem erklärt sich wohl aus zwei Gründen. Einerseits ist das Phonemsystem einer Sprache in seiner relativen Begrenztheit viel besser überschaubar als das morphologische Teilsystem (bzw. besser: die morphologischen Teilsysteme; vgl. zur Begründung 1.2., 2.2.). Andererseits krankte die vorstrukturalistische Sprachtypologie eindeutig daran, daß sie die Morphologie überbetonte, ein Nachteil, der bis heute nicht endgültig überwunden wurde (vgl. Dressler 1973. 471, Altmann – Lehfeldt 1973. 34 ff.). Allein die Charakterisierung der Sprachtypen als flektierend, agglutinierend, isolierend usw. zeigt deutlich, daß das Lautsystem unberücksichtigt bleibt. Ein Nachteil wiederum der strukturalistischen Ansätze, die sich auf die Analyse des Phonemsystems konzentrieren, besteht darin, daß sie in das andere Extrem gehen, nämlich die morphologischen Eigenschaften außer acht lassen. Ein Ausgleich wurde mit dem charakterologischen Ansatz bzw. der typologischen Charakterisierung der Sprachen (vgl. Mathesius 1928, Lewy 1942 = 1964, Trubetzkoy 1939) angestrebt, indem Aussagen über Eigenschaften verschiedener Teilsysteme (Phonologie und Morphologie bzw. Morphonologie, Morphologie und Syntax bzw. Morphosyntax) gemacht wurden. Diese Ansätze kranken jedoch an dem methodisch nicht gelösten Problem der Gewichtung von Merkmalen (vgl. Altmann – Lehfeldt 1973. 13 f., 28 ff., außerdem 2.1. sowie 2.3.). Alle genannten Arbeiten operieren mit Begriffen wie »markante« bzw. »charakteristische« Eigenschaften, ohne die Kriterien der Gewichtung zu nennen.

»Wenn man bestimmte Merkmale als charakteristisch für eine Sprache oder für eine Sprachgruppe bezeichnen will, so müßte man *vorher* schon die Gruppierung vorgenommen haben. Solange man das nicht getan hat, kennt man die Gruppen ja nicht und weiß auch nicht, welche Merkmale für sie charakteristisch sind. Die Wirklichkeit der typologischen Charakterisierung sieht aber anders aus: Sprachgruppen werden nach denselben Merkmalen gebildet, die für diese Gruppen charakteristisch sein sollen. Ein solches Verfahren ist logisch unzulässig, und es birgt die Gefahr, daß man die ›Eigenart‹ von Spracheigenschaften subjektiv beurteilt und durch die Berücksichtigung ausgewählter Merkmale beliebige Klassifikationen aufbauen kann, für die sich manchmal sogar ›Unterstützungen‹ durch nichttypologische Gesichtspunkte (genetisch, areal) finden lassen. Noch heute stößt man immer wieder auf Arbeiten, in denen eine sogenannte ›typologische Beschreibung‹ von Einzelsprachen nicht als Mittel, als Vorarbeit für eine allgemeine Sprachtypologie, sondern als deren Ziel verstanden wird« (Altmann – Lehfeldt 1973. 14).

Ein Ausgleich solcher Schwächen ist theoretisch wohl nur im Idealmodell einer Ganzsystemanalyse vorstellbar, wobei die sprachtheoretische Problematik der Gewichtung der Merkmale abgeklärt sein muß.

Es hat nicht an Äußerungen über die Aktualität und den Stellenwert einer (allgemeinen) Sprachtypologie im Rahmen der Sprachtheorie sowie der sprachtypologischen Forschung als linguistischer Teildisziplin gefehlt. Auffällig sind exponierte Urteile über die Spitzenstellung der Sprachtypologie, die durchaus nicht von Außenseitern der Linguistik formuliert wurden. Stellvertretend sei die Ansicht Hjelmslevs wiedergegeben, der folgenden Anspruch formulierte:

»Eine erschöpfende Sprachtypologie ist in der Tat die größte und wichtigste Aufgabe, die der Linguistik gestellt ist. Sie ist nicht, wie die Sprachgenetik, jeweils regional begrenzt. Ihre Aufgabe ist in letzter Instanz, die Frage zu beantworten, welche Sprachstrukturen überhaupt möglich sind, und warum gerade diese Sprachstrukturen möglich sind und nicht andere; (. . .) Allein durch die Typologie erhebt sich die Linguistik zu ganz allgemeinen Gesichtspunkten und wird zu einer Wissenschaft« (Hjelmslev 1968. 113).

Dieser Anspruch impliziert hohe Anforderungen sowohl an die Leistungen im Bereich von Theorie und Empirie der Sprachtypologie als wissenschaftlicher Disziplin als auch an die Kapazität von Forschenden und Studierenden. Denn der interdisziplinäre Charakter dieser Teildisziplin erfordert wegen der bewußten Aufhebung der durch die historisch-vergleichende Sprachwissenschaft etablierten Fächergrenzen (Germanistik, Romanistik, Slavistik usw.) mehr Grundkenntnisse in verschiedenen (verwandten und nicht verwandten) Sprachen vom einzelnen, als dies im Bereich der Einzelfächer erforderlich ist. Die Sprachtypologie als Teildisziplin ist aus diesem Grund als Betätigungsfeld von in Gruppen zusammenarbeitenden Wissenschaftlern prädestiniert. Aus den genannten Kapazitätsgründen ist wohl u. a. auch die Absetzposition der Sprachtypologie im Rahmen der linguistischen Teildisziplinen erklärbar. Vorwürfe wie die, daß die Sprachtypologie bis heute beachtlich hinter ihren theoretischen Ansprüchen hinterher hinke, sind zwar berechtigt, lassen jedoch nicht die Schlußfolgerung zu, Sprachtypologie wäre daher unwichtig oder zweitrangig. Hier wird offensichtlich der Fehler begangen, die Berechtigung eines Wissenschaftszweiges mit seiner

Diskrepanz zwischen Theorie und Praxis zu verknüpfen. Auch Hinweise auf Mängel wie die, daß es in der Sprachtypologie trotz verschiedener Arbeiten über Zielsetzungen, Methoden und Aufgaben keine grundlegende Studie zur Methodologie gäbe (vgl. Lehfeldt – Altmann 1975. 51), sind nicht geeignet, die Leistungsfähigkeit bzw. die Effektivität der sprachtypologischen Forschung überhaupt in Frage zu stellen. Denn eine Methodologie fehlt bis heute in vielen linguistischen Teildisziplinen, und was die Diskrepanz zwischen Anspruch und Wirklichkeit betrifft, steht die Sprachtypologie nicht besser oder schlechter da als die Linguistik im allgemeinen:

»Das Ziel der Sprachwissenschaft muß es also sein, eine Theorie zu erstellen, die es erlaubt, aus einer endlichen Menge von Anfangsaussagen und Allgemeinaussagen alle übrigen Aussagen über die menschliche Sprache deduktiv abzuleiten. Da die Erstellung einer derart umfassenden Theorie der Sprache – die man eine vollständige Sprachtheorie nennen könnte – beim derzeitigen Stand der sprachwissenschaftlichen Erkenntnis nicht möglich ist, begnügen sich Sprachwissenschaftler damit, Teiltheorien aufzustellen, d. h. Theorien über Teilaspekte der Sprache« (Bartsch – Vennemann 1973. 35).

Die Sprachtypologie ist einer von mehreren möglichen Wegen, das gesteckte Ziel zu erreichen, nämlich eine allgemeingültige, vollständige Sprachtheorie zu erstellen. Vielleicht wäre es sogar besser, von der Sprachtypologie als Richtung zu sprechen, in die wiederum verschiedene Wege führen. Diese Metapher illustriert, daß es in der Sprachtypologie – wie in allen linguistischen Teildisziplinen – im Verlauf der Entwicklung (dies gilt vor allem für die Moderne) zur Ausbildung verschiedener Schulen gekommen ist. Die Wege der Sprachtypologie (vgl. den Titel des Aufsatzes von Dressler 1967), dies verdeutlichen die Publikationen seit Anfang der sechziger Jahre, verzweigen sich immer mehr. Die verschiedenen Ansätze haben eigentlich nur sehr abstrakte Zielsetzungen gemeinsam, wie sie Hjelmslev exemplarisch formuliert hat, oder sie bleiben selbst hinter diesem theoretischen Anspruch zurück. Außerdem unterscheiden sich die Ansätze nicht nur bezüglich des Studienobjekts (Analyse des Ganzsystems bzw. eines Teilsystems), sondern auch bezüglich der theoretischen und methodischen Voraussetzungen sowie der Teilzielsetzungen. Dressler (1967) ist sich bei seinem Unterfangen, die Wege der Sprachtypologie aufzuzeigen, durchaus der Schwierigkeiten bewußt, einen zutreffenden Überblick zu verschaffen. Im ersten Satz räumt er bereits ein:

»Die folgenden Ausführungen wollen weder eine Forschungsgeschichte noch einen erschöpfenden Überblick über die besonders in letzter Zeit stark angestiegene Zahl von sprachtypologischen Publikationen geben, (. . .)« (Dressler 1967. 1).

Obgleich der Aufsatz in seiner Anlage Züge eines systematischen Forschungsberichts trägt, ist ein Gesamtüberblick (bezogen auf die Forschungsentwicklung der vergangenen zehn bis fünfzehn Jahre) bis heute ein ebensolches Desiderat geblieben wie eine Geschichte der Sprachtypologie von ihren Anfängen bis in die Gegenwart.
Der mit strukturalistischen Methoden durchgeführte Sprachvergleich wurde mit unterschiedlichen Zielsetzungen betrieben. Schwerpunkte prägen sich dort aus, wo entweder überwiegend die Übereinstimmungen (Ähnlichkeiten) in den sprachlichen Strukturen, oder vorrangig die Unterschiede (Kontraste) zwischen verglichenen Sprachsystemen aufgedeckt wurden. Aus dieser verschiedenartigen Betonung von Charakteristika des untersuchten Gegenstandes im bi- und multilateralen Sprachvergleich (Kontrastierung sprachlicher Strukturen) entwickelten sich zwei Richtungen mit entsprechend verschiedenen Zielsetzungen. Grosso modo kann man sagen, daß sich die Sprachtypologie als linguistische Teildisziplin mehr mit den Übereinstimmungen bzw. Ähnlichkeiten sprachlicher Strukturen beschäftigt hat, daß sich andererseits die kontrastive Linguistik (bzw. kontrastive Grammatik) eher auf die Unterschiedlichkeit zwischen Strukturen konzentriert hat. In dieser Perspektive erscheinen die beiden Teildisziplinen eigentlich im wesentlichen aufgrund ihrer verschiedenartigen arbeitstechnischen Schwerpunktbildung voneinander getrennt zu sein. Für die Ebene der synchronischen Sprachbetrachtung trifft dies sicherlich zu. Diesbezüglich wird noch heute der Aufgabenbereich der kontrastiven Linguistik wie folgt umschrieben:

»Die konfrontative Grammatik wäre somit eine Art synchroner vergleichender Grammatik. Ihre Aufgabe bestünde darin, sowohl Übereinstimmungen als auch Unterschiede zwischen beliebig ausgewählten Sprachen zu beschreiben. Die kontrastive Grammatik würde sich dagegen nur mit den Unterschieden befassen. Ihr Bereich wäre somit begrenzter als der der konfrontativen Grammatik. Die kontrastive Grammatik würde sich letzten Endes nur mit einem Teilgebiet der konfrontativen Grammatik befassen. Neben der konfrontativen Grammatik müßte selbstverständlich eine konfrontative Semantik aufgebaut werden« (Zabrocki 1970. 33).

Die Äußerung Zabrockis zeigt einerseits, daß die Beschränkung der kontrastiven Grammatik auf die Untersuchung der Unterschiedlichkeit allein arbeitstechnisch zu begründen ist, daß andererseits über die Stufe der konfrontativen Grammatik eine direkte Verbindung mit den Prinzipien des sprachtypologischen Strukturvergleichs besteht. Wenn allerdings das Ziel beider Disziplinen, nämlich der Sprachtypologie und der kontrastiven Linguistik, die Aufdeckung des Konstruktionsmechanismus der verglichenen Sprachen sein soll, wenn also beide Disziplinen eine Antwort finden wollen auf die Frage: »Wie funktioniert Sprache?«, dann müssen die Ergebnisse integriert werden. Die Funktion des Sprachsystems läßt sich nur begreifen als Zusammenwirken aller Kategorien, somit besteht das Analyseergebnis aus einer Integration von Beobachtungen zu Übereinstimmungen *und* Unterschiedlichkeiten der untersuchten Sprachstrukturen. Diese Einsicht unterstreicht zudem das Erfordernis, daß eine Vorauswahl von sogenannten charakteristischen Eigenschaften bzw. Merkmalen (wie sie in den meisten typologischen Arbeiten zu finden ist) grundsätzlich als methodisch falsch abgelehnt werden muß, daß also eine Gewichtung von Merkmalen erst nach durchgeführtem Vergleich erfolgen kann. Obwohl die Komplexität des Studienobjekts den Vergleich sprachlicher Ganzsysteme an seiner praktischen Durchführung bis heute gehindert hat, ist aufgrund theoretischer Überlegungen anhand von Modellen einer Ganzsystemanalyse (vgl. 2.1. und 2.3.) die Annahme wahrscheinlich, daß im Rahmen der Beantwortung der Frage nach dem *Funktionieren* von Sprache eine Gewichtung von Merkmalen letzten Endes irrelevant bleiben wird. Die Problematik einer Auswahl von zu untersuchenden Eigenschaften betrifft allein den Aufbau eines einheitlichen Rasters, mit dessen Hilfe der multilaterale Sprachvergleich durchgeführt werden soll. Eine Gewichtung von Merkmalen hat im Rahmen der Klassifikation eine ganz andere Bedeutung und vor allem eine Berechtigung. Denn in der Klassifikation dienen die Merkmale als Kriterien der Gruppierung von Typen (vgl. 2.2.).

Ein Forschungsbericht zur Situation der Sprachtypologie wird auf besondere Schwierigkeiten stoßen, was die Verarbeitung neuerer Ansätze von Sprachvergleichen mit Hilfe des generativ-transformationellen Grammatikmodells und ihre Effektivität betrifft. Bislang scheint die TG nur die Erkenntnisse zu bestätigen, die strukturalistisch-taxonomische Untersuchungen mit Bezug auf syntagmatische Relationen erbracht haben (vgl. Koch 1964, Ross 1970). Die Anwendung der Dependenzgrammatik im multilateralen Sprachvergleich ist vergleichsweise ergiebiger (vgl. Altmann – Lehfeldt 1973. 116ff.). In der Nachbardisziplin der Sprachtypologie, in der kontrastiven Linguistik, kommen die TG und ihre Fortentwicklungen (Kasusgrammatik, Stratifikationsmodell) bereits längere Zeit zur Anwendung (vgl. Nickel 1973. 464), allerdings fehlt bislang eine systematisch durchgeführte Ganzsystemanalyse:

»The rise of transformational grammar gave a new impetus to contrastive linguistics; in a great number of transformational studies a built-in contrastive approach to the study of language is present, though it is almost never systematically carried out for the whole of the subject dealt with, the main preoccupation being the search for arguments from various languages to support certain hypotheses« (Dirven 1976. 1).

Einer systematischen Anwendung der TG im bilateralen Sprachvergleich stehen jedoch grundsätzliche methodische Schwierigkeiten im Weg:

»Eine komplette Beschreibung zweier sprachlicher Systeme nach ein und demselben Grammatikmodell konnte jedoch bis heute nicht realisiert werden. Wenn man bedenkt, daß geschlossene Beschreibungen eines einzigen Sprachsystems auf der Grundlage der generativen Transformationsgrammatik z. B. ebenfalls noch nicht vorhanden sind und wahrscheinlich auch nie vorliegen werden, dürfte die Feststellung keineswegs überraschend sein, daß in der K(ontrastiven) L(inguistik) solche vollständigen Beschreibungen erst recht nicht existieren, da sich die Arbeit hier gewissermaßen verdoppelt« (Nickel 1973. 464).

Aus dieser Feststellung ergibt sich als Schlußfolgerung für die Sprachtypologie, daß mit Sicherheit die systematische Durchführung einer Ganzsystemanalyse auf der Grundlage der TG im multilateralen Sprachvergleich nicht realisiert werden wird.

1.2. Sprachtheoretische Implikationen: Sprachkonzeption und Systembegriff

Die Sprachtypologie erforscht die Sprachen als Phänomen der inneren Sprachwissenschaft (linguistique interne), d. h. sie setzt sich mit dem Systemcharakter der Sprache auseinander. Studienobjekt ist das funktionelle System mit seinen konstitutiven Elementen, nämlich den Systemeinheiten bzw. Systemkategorien, deren funktionelle Oppositionen das System strukturieren. Die Systematizität sprachlicher Strukturen erkannte bereits G. v. d. Gabelentz (1901), dessen strukturalistische Konzeption sich weitgehend mit der von F. de Saussure (1916) deckt, diese gleichsam antizipiert. Das System war bei den genannten Begründern des Strukturalismus (vgl. bei Gabelentz die Ebene der *Einzelsprache,* bei Saussure die Ebene der *langue*) ein statischer Begriff. In der strukturalistischen Forschung kristallisierten sich als Schwerpunkte die Untersuchung des Systemcharakters der Sprache(n) sowie die Diskussion über die Kriterienfindung zur Differenzierung zwischen der langue-Ebene und der parole-Ebene heraus. Die dritte Komponente des strukturalistischen Sprachmodells, von Gabelentz *Sprachvermögen,* von Saussure *faculté du langage* genannt, blieb weitgehend unberücksichtigt. Diese dynamische Komponente des Sprachmodells tritt in der Sprachkonzeption der generativen Transformationsgrammatik in den Vordergrund. Die Entwicklung entspricht einer Dynamisierung des weitgehend statischen Strukturalismus. Während die strukturalistische Sprachtheorie von Gabelentz und von Saussure eine dreigliedrige Relation vorsieht, verschmelzen zwei Kernbegriffe dieser Relation (von denen einer dynamisch, der andere statisch ist) zu einem neuen Begriff (vgl. *Kompetenz*), der sich durch seine dynamische Konzeption auszeichnet. Diese Entwicklung will ich in groben Zügen schematisch darstellen:

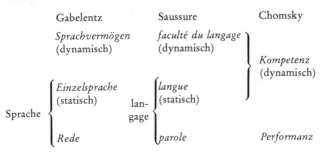

Der Begriff der Kompetenz beinhaltet nach der sogenannten klassischen Theorie der TG, wie sie in den »Aspects« von 1965 verankert ist, die Fähigkeit des Sprechers, mit einem begrenzten Regelapparat eine unbegrenzte Menge von Sätzen hervorzubringen. Die Kompetenz wird demnach als Satzerzeugungskreativität interpretiert. Wenn das Sprachsystem im strukturalistischen Sprachmodell als statisch aufgefaßt wurde, wird im generativ-transformationellen Grammatikmodell der dynamische Charakter des Regelsystems zur Satzerzeugung hervorgehoben. Die in strukturalistischer Perspektive betonte paradigmatische Struktur des Systems wird in der TG im allgemeinen durch die Betonung der syntagmatischen Relationen verdeckt. Eine Kompromißkonzeption stellt in gewisser Weise die Differenzierung zwischen paradigmatischer und syntagmatischer Kompetenz dar, wie sie Coseriu vornimmt (s. u.).
Für Gabelentz und Saussure ist das Sprachsystem ebenso wie für die Generativisten homogen und in sich geschlossen. Diese Auffassung von der Homogenität des Sprachsystems wurde einerseits von der Systemlinguistik, andererseits von der Soziolinguistik erschüttert. Gestützt durch Argumente der inneren Sprachwissenschaft (Trennung in phonologisches, morphologisches, syntaktisches Teilsystem) sowie der äußeren Sprachwissenschaft (Trennung in Subsysteme wie Schriftsprache, regionale, soziale und funktionale Varietäten) nimmt man in der Systemlinguistik heute an, daß Sprache

nicht *ein* System, sondern ein »System von Systemen« (Beneš 1971) ist, bzw. ein System von Subsystemen. Der damit angesprochene Sachverhalt, der als Erkenntnis für die Konzeption eines idealisierten Sprachmodells für die Theorie besonders wichtig ist, läßt sich graphisch folgendermaßen abstrahieren:

Ganzsystem der historischen Einzelsprache

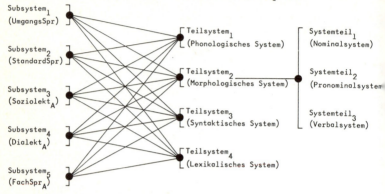

Anm.: Subsystem$_1$ (UmgangsSpr) bezieht sich auf die Ebene der überregionalen Umgangssprache, Subsystem$_2$ (StandardSpr) auf die des geschriebenen Standards. Die Subsysteme$_{3,4,5}$ kennzeichnen die sozialen, regionalen und funktionalen Varietäten einer historischen Einzelsprache.

Die Bezeichnung der Systeme auf der linken Seite (vgl. Subsystem) und auf der rechten Seite (vgl. Teilsystem) des Schemas ist bewußt nicht einheitlich. Es handelt sich bei beiden Gliederungen um unterschiedliche Beschreibungsebenen. Der Terminus Subsystem ist in der soziolinguistischen Terminologie, der Terminus Teilsystem in der sprachtypologischen Terminologie gebräuchlich. Beide (mit Bezug auf unterschiedliche Ebenen) kennzeichnen Systemteile, d. h. Ausschnitte oder Sektionen des Ganzsystems einer historischen Einzelsprache. Obwohl das lexikalische Teilsystem als Bestandteil des Ganzsystems einer Sprache ebenfalls als Studienobjekt der Sprachtypologie zu gelten hat, lasse ich dieses Teilsystem aus arbeitstechnischen Erwägungen in der vorliegenden Studie unberücksichtigt.

Im allgemeinen wird die Morphologie als *ein* selbständiges Teilsystem betrachtet. Verglichen mit dem phonologischen Teilsystem ist das morphologische Teilsystem allerdings viel ausgedehnter und komplexer. Die strukturelle Differenzierung des morphologischen Teilsystems (vgl. 3.1., 3.2., 4.3.) legt eine Unterscheidung verschiedener morphologischer Systemteile nahe; vgl.:

Phonologisches Teilsystem	Morphologische(s) Teilsystem(e)		
	Systemteil$_1$ Nominalsystem	Systemteil$_2$ Pronominalsystem	Systemteil$_3$ Verbalsystem

Zwischen dem auf der linken Seite gekennzeichneten Subsystem$_2$ (StandardSpr) in der Graphik und dem auf der rechten Seite plazierten Teilsystem$_1$ (phonolog. System) besteht eine besondere Relation, nämlich die graphische Komponente. Aus den Relationen zwischen dem phonologischen Teilsystem und der schriftsprachlichen Ausdrucksform (Subsystem$_2$) resultiert die Existenz des Subsystems Graphie. Die angesprochene Korrelation ist in diesem Zusammenhang besonders wichtig, weil sich der sprachtypologische Reihenvergleich (aus Kapazitätsgründen) in erster Linie auf die Schriftmedien konzentriert. Dies bedeutet, daß die Sprachtypologie ein Subsystem (Varietät) einer beliebigen historischen Einzelsprache stellvertretend für die Gesamtheit aller Subsysteme der betreffenden Sprache mit dem entsprechenden Subsystem einer anderen historischen Einzelsprache ebenfalls stellvertretend für die Gesamtheit ihrer Subsysteme kontrastiert. Wenn in den folgenden Kapiteln von der Analyse von Ganz- und Teilsystemen die Rede ist, bezieht sich dies auf die Kontrastierung der innerlinguistischen Struktur, d. h. als Ganzsystem haben zu gelten: phonologisches, morphologisches, syntaktisches und lexikalisches Teilsystem; als Teilsystem entsprechend eines dieser Teile (s. o.).

Der systematische Charakter der Sprache (ihre Systematizität) tritt nicht nur in Form von Sprachvarietäten, Registern sowie den damit korrelierten linguistischen Beschreibungsebenen in Erscheinung, sondern manifestiert sich ebenso in der Systematizität von Oppositionen im phonologischen, morphologischen u. a. Bereich. Phoneme, grammatische Kategorien usw. existieren im Rahmen der durch sie gekennzeichneten Oppositionen. Präsens, Futur, Imperfekt und andere Tempora des Deutschen bilden als grammatische Kategorien durch ihre Oppositionen ein System, das man Verbalsystem nennt. Der Sprecher einer Sprache verfügt aufgrund seiner Kompetenz einerseits über ein internalisiertes Wissen über die Systematizität von Subsystemen, andererseits über die Fähigkeit, Oppositionen im grammatischen und lexikalischen System der betreffenden Sprache zu erkennen und entsprechend zu reproduzieren. Bei Sprechern des Französischen beinhaltet die Kompetenz die Kenntnis der Opposition zweier grammatischer Kategorien wie des *passé défini* und *passé indéfini,* zwei Vergangenheitstempora, deren Funktionsunterschied zumeist als Aspektkorrelation von perfektivem (passé défini) und imperfektivem (passé indéfini) Aspekt gedeutet wird (vgl. 3.1.2., S. 76). An diesem konkreten Beispiel erläutert Coseriu seine Erweiterung des traditionellen Kompetenzbegriffs, wie er in der Sprachauffassung der ›klassischen‹ generativ-transformationellen Grammatiktheorie der »Aspects« (1965) von Chomsky definiert wurde. Nach Chomsky ist der Sprecher aufgrund seiner Kompetenz dazu befähigt, Sätze zu erzeugen. Demnach betrifft die Kompetenz die Satzerzeugungskapazität. Coseriu wendet zu Recht ein, daß nicht nur die Fähigkeit zur Satzerzeugung (syntagmatischer Aspekt), sondern auch zur Differenzierung von Oppositionen im grammatischen System (paradigmatischer Aspekt) die Kompetenz ausmacht:

»Vielmehr scheint es so zu sein, daß die Kompetenz eine Intuition darstellt, eine Art »Können«, das weit über die Satzerzeugung hinausgeht, d. h. eine Kompetenz, die gerade eine Intuition der oppositionellen Unterschiede ist, und nicht nur eine Intuition der Satzstrukturen – wie man Sätze zu bilden habe – und auch nicht nur eine Intuition der Transformationen, d. h. der Übergänge von einer Satzstruktur zu einer anderen, sondern vor allem auch eine Intuition des *Zwecks,* der Funktion der Satzstrukturen und der Transformationen« (Coseriu 1970. 39).

Die Kompetenz befähigt den Sprecher demnach generell, sprachliche Strukturen sowie die Systematizität einerseits zu erkennen und zu identifizieren (Rezeption), andererseits selbst zu produzieren (Produktion). Das Verhältnis von Struktur und System(atizität) ist dabei folgendes:

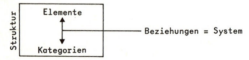

Über die Relationen zwischen Paradigmatik und Syntagmatik im Rahmen der Kompetenz sagt Coseriu (1970. 39 f.):

»Damit hängt zusammen, daß der Begriff der ›Struktur‹ in der TG gerade nur syntagmatisch als kombinatorische Struktur interpretiert wird. Es gibt aber auch einen anderen Begriff und eine andere Art von ›Struktur‹: die *paradigmatische* (= oppositionelle) *Struktur.* Diese paradigmatische Struktur, die verschiedenen sprachlichen Strukturen entspricht, bestimmt das Syntagmatische, nicht umgekehrt. Die Funktionen erscheinen zwar in der TG als Symbole für Elemente der syntaktischen Struktur, wenn z. B. ›Verb‹ oder ähnliches gesagt wird; es wird aber nicht gesagt, was ›Verb‹ oder z. B. ›passé défini‹ ist, und *wie* und *warum* diese Funktionen in einer Sprache funktionieren (es ist aber klar, daß eine Funktion wie z. B. ›passé défini‹ usw. nur daher existiert, weil in derselben Sprache auch eine Opposition zu ›passé indéfini‹ da

ist). Hier handelt es sich gerade um das, was syntagmatisch nicht bestimmt werden kann, da *keine* kombinatorische Funktion vorliegt.«
Bezogen auf das Phänomen der Strukturiertheit der Sprache äußert sich die Systematizität dementsprechend in zwei Dimensionen: einmal in der Makrostruktur (vgl. die Systematizität der Subsysteme), zum anderen in der Mikrostruktur (vgl. die Systematizität der Oppositionen). Die Sprachtypologie beschäftigt sich dementsprechend mit der Sprache als abstraktem Regelsystem, wobei die Systematizität, die es zu untersuchen gilt, die Mikrostruktur betrifft. Wie gesagt beschränken sich die Studien aus Kapazitätsgründen mit Bezug auf die Makrostruktur weitgehend auf ein spezielles Subsystem, die Standardsprache. Die bislang nicht ausdiskutierte Frage, ob denn die Sprache ein homogenes, geschlossenes System darstelle (Saussure) oder ein inhomogenes, offenes System sei (Labov), scheint mir in diesem Zusammenhang nicht relevant zu sein. Coseriu hat mit seinem Hinweis darauf, daß Sprache nicht *einem* System, sondern »einer Systematizität von Oppositionen« (Coseriu 1969a. 141) entspricht, eine Hypothese formuliert, die insoweit Entscheidungsspielraum läßt, daß man im Anschluß an die Analyse des Regelsystems verschiedener Einzelsprachen den jeweils individuellen Charakter der Systematizität von Oppositionen der untersuchten Kommunikationsmedien demonstrieren kann. Mit der Hypothese von Coseriu legt man sich nicht von vornherein fest hinsichtlich der Homogenität bzw. Inhomogenität des Systems, sondern eruiert die Systematizität aus den Oppositionen einer jeden Einzelsprache selbst. Sehr wahrscheinlich ergibt sich bei verschiedenen Einzelsprachen ein jeweils individuelles Verhältnis hinsichtlich der Polaritäten Symmetrie/Homogenität/Geschlossenheit einerseits und Asymmetrie/Inhomogenität/Offenheit des Systems andererseits. Die Beantwortung dieser Frage kann allerdings nicht a priori im Rahmen einer theoretischen Grundsatzentscheidung, sondern erst a posteriori nach der Analyse sprachlicher Systeme erfolgen. Bisher ist es aber meines Wissens noch niemandem gelungen, den Systemcharakter am Gesamtsystem einer historischen Einzelsprache zu demonstrieren. Der Grund dafür ist einfach der, daß es bisher kein unumstrittenes Raster gibt, mittels dessen das Gesamtsystem einer Sprache zu erfassen wäre. Ein solches zu erarbeiten ist *Aufgabe* der Sprachtypologie, nicht ihre *Arbeitsbasis*. Insofern bleibt die Annahme der Systematizität von Oppositionen als alleiniges, nicht präjudizierendes Postulat mit dem Charakter einer Arbeitsbasis. Was die Diskussion über den Systembegriff betrifft, verweise ich auf folgende neuere Studien: Lieb 1970, Labov 1972, Auburger 1975.
Da das Sprachsystem Studienobjekt der Sprachtypologie ist, be-

schäftigt sich diese linguistische Disziplin mit den sprachlichen Ganzsystemen (vgl. Kap. 2), den Teilsystemen (vgl. Kap. 3) sowie mit den Teilsystemen konstituierenden (oppositionsbildenden) Einheiten bzw. Kategorien (vgl. Kap. 4). Als Systemeinheiten bzw. Systemkategorien haben im Lautsystem die Phoneme zu gelten, im morphologischen Teilsystem die grammatischen Kategorien. Jede grammatische Kategorie ist formal gekennzeichnet und besitzt eine spezifische Funktion. Eine grammatische Kategorie läßt sich als integriertes Element des grammatischen Systems charakterisieren, das als Träger einer spezifischen Funktion in Opposition steht zu den spezifischen Funktionen anderer Elemente desselben Systems (Aspekt der paradigmatischen Funktion). Die Funktion des betreffenden Elements ist nicht durch die Funktion anderer Elemente ersetzbar (vgl. Lyons 1972. 274ff.). Dies bezieht sich wohlgemerkt auf die spezifische Funktion, die als Primär- bzw. Hauptfunktion zu identifizieren ist. Diese spezifische Funktion einer Systemkategorie ist nicht durch die *Primärfunktion* einer anderen Kategorie ersetzbar (kommutierbar), dagegen aber durch Nebenfunktionen, die sämtlich kontextabhängig sind (zur Polyfunktionalität grammatischer Kategorien vgl. weiter unten). Die Formalstruktur als Träger bzw. Repräsentant einer grammatischen Kategorie kann recht unterschiedlichen Charakter haben, wie die folgenden Beispiele zeigen. Verschiedene Kategorien sind durch ein formales Kennzeichen charakterisiert, so etwa der Genitiv bei Personen im Englischen durch ein *s*-Element. Formales Kennzeichen kann auch ein Nullmorphem sein, wie beim Präsens im Deutschen:

Präs *ich führ-* + ∅ + *-e*
Imp *ich führ-* + *-t-* + *-e*

Dieselbe grammatische Kategorie hat unter Umständen mehr als nur ein formales Kennzeichen. Bei verschiedenen Nominalstämmen im Finnischen gibt es z. T. mehr als drei formale Varianten zur Kennzeichnung des Genitivs Plural, die ohne feststellbare Kontextrestriktionen gleichrangig sind; die Formalstruktur ist in diesen Fällen kommutierbar:

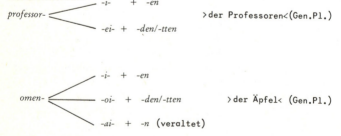

(*i/ei* bzw. *i/oi* sind kombinatorische Varianten des Pluralmorphems; die Distribution ist folgende: *i* + Vokal / *i*-Stamm + *ei* + Konsonant / *a*-Stamm + *oi* + Konsonant)

Zwei verschiedene grammatische Kategorien können das gleiche formale Kennzeichen haben. Im Französischen sind Genitiv und Partitiv zwar nicht formal, wohl aber eindeutig funktional unterschieden. Ebenso verhält es sich mit dem Genitiv und Akkusativ Singular im Finnischen sowie mit dem Nominativ und Akkusativ Plural in derselben Sprache (vgl. 4.2.2.). Die Formalstruktur einer grammatischen Kategorie ist allerdings nicht immer ein formales Kennzeichen, sie kann nämlich auch einer unverwechselbaren Formation von freien Morphemen entsprechen. In grammatischen Kategorien wie dem *futur proche* im Französischen (vgl. *je vais faire*), dem Futur im Deutschen oder dem Perfekt in beiden Sprachen (vgl. *j'ai travaillé – ich habe gearbeitet*) gibt es kein formales Kennzeichen, sondern eine formale Charakteristik, so für das Futur im Frz. eine finite Form des Hilfsverbs *aller* + Infinitiv, im Dt. eine finite Form des Hilfsverbs *werden* + Infinitiv, für das Perfekt im Frz. (und Dt.) eine finite Form des Hilfsverbs *avoir* (bzw. *haben*) + Part. Perf.

Je nach sprachlicher Struktur ist die eine oder andere Art der formalen Kennzeichnung (Formalstruktur) im Sprachsystem häufiger. Im Finnischen beispielsweise, wo alle genannten Varianten von Formalstruktur auftreten, sind diese entsprechend ihrer Häufigkeit in folgender Reihenfolge zu klassifizieren:

1. Die grammatische Kategorie ist durch ein spezifisches formales Kennzeichen (gebundenes Morphem) charakterisiert.
2. Die grammatische Kategorie ist durch eine spezifische strukturtypische Formation (unverwechselbare Kombination freier Morpheme) charakterisiert.
3. Die grammatische Kategorie ist durch mehrere formale Kennzeichen (gebundene Morpheme) charakterisiert.
4. Die grammatische Kategorie ist durch ein formales Kennzeichen (gebundenes Morphem) charakterisiert, das ebenfalls eine andere grammatische Kategorie charakterisiert.
5. Die grammatische Kategorie ist durch ein spezifisches formales Kennzeichen charakterisiert, das einem Zero-Morphem entspricht.

Formalstrukturen grammatischer Kategorien vom Typ 1 sind dementsprechend häufiger als die vom Typ 2, diese wiederum häufiger als die vom Typ 3, usw. Die Reihenfolge der Typen ist sprachspezifisch, im Englischen sähe sie wesentlich anders aus als im Finnischen.

Es sollen einige Bemerkungen zur Differenzierung von *Funktion* und *Bedeutung* folgen. Grammatische Kategorien besitzen eine spezifische Funktion. Das Element *-s* kennzeichnet den Plural im Französischen, seine grammatische Funktion ist die der Pluralkennzeichnung. Das Element *-s* besitzt selbst keine Bedeutung, es ist Träger der Pluralfunktion. In der Verbindung mit einem Basismorphem erhält letzteres eine andere Bedeutung; vgl.:

frz. *enfant* ›Kind‹ + *-s* (Träger der Pluralfunktion) >
enfants ›Kinder‹

Die Funktion des Suffixes *-s* entspricht seiner Leistung, die es im Ableitungsprozeß erbringt. Das Suffix *-s* bringt kraft seiner Funktion eine Bedeutungsveränderung des Basismorphems hervor. Die Bedeutung von ›Kinder‹ ist demnach nicht als die Zusammensetzung der Bedeutung von ›Kind‹ mit der Bedeutung von *-s* aufzufassen. Dies entspräche einer nicht zulässigen Simplifizierung des Prozesses der Ableitung, in dessen Verlauf als (grammatische) Leistung des Suffixes eine Bedeutungsveränderung produziert wird (vgl. zum Prinzip der Funktion als Leistung: Coseriu 1970. 39 ff.; bei Lewandowski 1973. 209 ff.). Die Funktion einer grammatischen Kategorie, d. h. ihre (grammatische) Leistung, läßt sich in ihrer Oppositionsbildung gegenüber anderen grammatischen Kategorien im Paradigma desselben Teilsystems definieren. Während die paradigmatischen Oppositionen im allgemeinen ausreichen, um die Funktion einer grammatischen Kategorie zu bestimmen, haben wir es bei Kategorien vom Typ 4 des Finnischen mit einem Sonderfall zu tun, wo zusätzlich syntagmatische Kriterien zur Funktionsbestimmung herangezogen werden müssen. An den paradigmatischen Oppositionen des nominalen Teilsystems kann man nicht erkennen, ob die Funktion des Suffixes *-t* in finn. *talot* (›Häuser‹ bzw. ›die Häuser‹) die des Nominativ oder Akkusativ Plural ist. Die syntagmatischen Relationen, d. h. die Position des Wortes im Satz (Aspekt der syntagmatischen Funktion), sind entscheidend für die Identifizierung als Nominativ Plural (wenn Subjekt) bzw. als Akkusativ Plural (wenn Objekt); vgl. zur syntagmatischen Funktion von Morphemen Schmitt-Brandt (1966).

Mit dem Verweis darauf, daß sich die Funktion einer grammatischen Kategorie durch ihre Oppositionsbildung im Paradigma bestimmt, ergibt sich ein methodisches Problem für den multilateralen Sprachvergleich, und zwar das Problem der Vergleichbarkeit grammatischer Kategorien. In Abhängigkeit von der sprachspezifischen Numerusopposition ist die Funktion des Plurals in folgenden Beispielen jeweils relational unterschiedlich.

Sprache	Numerusopposition(en)	Relationale Definition der Pluralfunktion
Deutsch	Singular : Plural	Plural = Nichtsingular
Kymrisch	Singular : Kollektiv : Plural	Plural = Nichtsingular und Nichtkollektiv
Jurakisch	Singular : Dual : Plural	Plural = Nichtsingular und Nichtdual

Das Prinzip der relationalen Definition besagt, daß die Funktionen grammatischer Kategorien nur dann als gleich definiert werden können, wenn die Relationen (bzw. die Oppositionsbildung) gleich ist. Wie die Kontrastierung verschiedener Sprachen leicht zeigt, sind gleichartige Relationen seltene Ausnahmen, in den meisten Fällen (bezogen auf die Gesamtzahl der Systemeinheiten einer Sprache) sind die Relationen verschiedenartig. Die Konsequenz scheint die Feststellung zu sein, daß die meisten grammatischen Kategorien in verglichenen Sprachen aufgrund andersartiger relationaler Definitionen ihrer Funktionen nicht vergleichbar sind. Dementsprechend wäre (nach dem obigen Schema) die grammatische Kategorie ›Plural‹ in den genannten Sprachen jeweils sprachspezifisch relational definiert, und die Funktionen wären aufgrund andersartiger Relationen unvergleichbar. Bezogen auf das obige Beispiel könnte man einwenden, daß in jedem Fall der Vergleich (bzw. die Vergleichbarkeit) des Plurals im Deutschen mit dem in vielen anderen Sprachen (Englisch, Französisch, Russisch usw.) bleibt. Dies mag zutreffen. Gehen wir jedoch zum Vergleich anderer Systemeinheiten über, stellt sich heraus, daß die relationalen Definitionen meistens andersartig sind. Da die Phoneme /a/ oder /t/ im Deutschen, Englischen und Finnischen in jeweils andersartigen Relationen im Phonemsystem auftreten, sind sie eigentlich unvergleichbar. Ebenso verhält es sich mit verbalen Kategorien wie ›Präsens‹ oder ›Imperfekt‹, die sich in den genannten Sprachen jeweils anders relational definieren. Das hier angesprochene Problem ist nicht neu, wurde wiederholt diskutiert (vgl. Hinweise bei King 1971. 36 ff., Altmann – Lehfeldt 1973. 65 ff.), allerdings lediglich durch Abschwächung des Postulats der relationalen Definiertheit umgangen, jedoch nicht endgültig gelöst. Zwei Kriterien scheinen mir wesentlich für die Lösung dieses theoretischen Problems zu sein. Einerseits gilt es zu bedenken, daß nicht Substantielles, also im Fall des Phonems eine phonetische Ähnlichkeit verglichen wird, sondern daß theoretische Konstrukte miteinander verglichen werden. Wenn das Phonem /t/ im Deutschen mit dem Phonem /t/ im Finnischen verglichen wird, werden nicht artikulatorische Eigenschaften der Laute [t] im Deutschen bzw. im Finnischen angesprochen, sondern das /t/ in seiner bedeutungsunterscheidenden Funktion. Auf dieser Abstraktionsebene (die artikulatorische Eigenschaften außer acht läßt) ist ein Vergleich möglich. Das Prinzip der relationalen Definition setzt voraus, daß man die Relationen berücksichtigt. Insofern sind Vergleiche von Einzelkategorien bzw. Systemeinheiten wenig sinnvoll, wenn sie keine Angaben über die relationale Einbettung der verglichenen Einzelkategorie im Teilsystem der verglichenen Sprachen enthalten (vgl. die Diskussion über die Einbettung der Kategorie ›Futur‹ im Verbsystem von Sprachen unterschiedlichen Typs in 3.2.).

»Was zu vergleichen ist, sind nicht Einheiten von Sprachsystemen als solche, sondern sind diese Systeme selbst oder die Eigenschaften, die mit den einzelnen Einheiten zwar immer zusammenhängen, jedoch dem betreffenden System als ganzem zukommen. Wir vergleichen zum Beispiel nicht einzelne Phoneme von zwei Sprachen, sondern die betreffenden Phonemsysteme, die als ganze eine – praktisch unbegrenzte – Anzahl von vergleichbaren Merkmalen aufweisen: Anzahl der Phoneme im System; die Häufigkeit, mit der ein bestimmtes distinktives Merkmal im System vorkommt; Zahl der Phonemkombinationen; Entropie des Phonemsystems u. a. Hierin besteht eben der Unterschied zwischen dem genetischen und dem typologischen Vergleich. Der erstere beschränkt sich auf den Vergleich verwandter Einzelheiten, der letztere auf den Vergleich von Ganzheiten, von ganzen Institutionen« (Altmann – Lehfeldt 1973. 70).

Altmann und Lehfeldt sehen in dieser Argumentation den Beweis für das ausschließliche Postulat eines Vergleichs von sprachlichen Ganzsystemen (vgl. 2.1.). Das operationale Verfahren, einen multilateralen Sprachvergleich der Ganzsysteme zu erreichen, geht jedoch auch bei den genannten Autoren über den Weg eines Teilsystemvergleichs (Vergleich phonologischer, morphologischer, syntaktischer Eigenschaften). Die Konsequenz aus solchen Beobachtungen, die sich sowohl theoretisch als auch operational rechtfertigen läßt, scheint mir das Postulat einer Ganzsystemanalyse als integrierte Teilsystemanalyse (vgl. 2.3.).

Universelle Gültigkeit hat die Feststellung, daß jede Sprache (naturgemäß) über einen begrenzten Regelvorrat verfügt, daß damit allerdings in jeder Sprache eine unbegrenzte Menge von Sätzen produziert werden kann. Für das Lexikon gilt entsprechend, daß mit einem begrenzten Zeichenvorrat eine unbegrenzte Anzahl von Begriffen bzw. Begriffskomplexen bezeichnet werden kann. Dies bedeutet, daß es im Lexikon jeder Sprache nicht nur Wörter mit einer spezifischen Bedeutung gibt, sondern zahlreiche lexikalische Elemente, die mehr als eine Bedeutung haben (polyseme Lexeme). Diese Beobachtungen mit Bezug auf die Syntax und den Wortschatz der Sprachen können direkt auf den grammatischen Bau übertragen werden.

In jeder Sprache gibt es eine begrenzte Anzahl grammatischer Kategorien, mit denen eine unbegrenzte Anzahl von Einzelfunktionen im syntaktischen Zusammenhang realisiert werden. Das Inventar grammatischer Kategorien umfaßt in jeder Sprache Systemeinheiten mit einer spezifischen Funktion (monofunktionale Kategorien) sowie solche mit mehreren Funktionen (polyfunktionale Kategorien). Bei letzteren Systemeinheiten ist zwischen primärer (bzw. obligatorischer) und sekundärer (bzw. fakultativer) Funktion zu unterscheiden. Welches die obligatorische und welches die fakultative Funktion ist, läßt sich aus der Oppositionsbildung der betreffenden Kategorie im Rahmen der Kategorien des betreffenden sprachlichen Teilsystems identifizieren. Als Beispiel sei hier der Gebrauch des Präsens und des Futurs als verbale Kategorien im Deutschen angeführt. Die obligatorische Funktion (bzw. Hauptfunktion) des Präsens ist die Kennzeichnung der Jetzt-Zeit, die Bezugnahme auf den Augenblick des Sprechens. In Sätzen wie *Er kommt morgen zu dir* bezeichnet das Präsens ein zukünftiges Geschehen. Aus den paradigmatischen Oppositionen der Verbkategorien des Deutschen ergibt sich, daß die Funktion des Präsens, Zukünftiges zu kennzeichnen, eine Nebenfunktion ist (sein muß, wenn man nicht die Existenz zweier Kategorien zur Bezeichnung eines zukünftigen Geschehens annehmen will, nämlich ›Präsens‹ und ›Futur‹). Das Futur im Deutschen hat außer der primären Funktion, die Nachzeitigkeit zum Ausdruck zu bringen, sekundäre bzw. fakultative Funktionen wie die einer Modalform (vgl. *er wird wohl schon gestorben sein*) oder die eines Imperativs (vgl. *wirst du wohl still sein!*). Aus den paradigmatischen Oppositionen des deutschen Verbsystems ergibt sich als Primärfunktion der Ausdruck der Nachzeitigkeit (vgl. auch 3.2.).

Die Verflechtung von obligatorischen und fakultativen Funktionen grammatischer Kategorien im syntaktischen Zusammenhang verschleiert die Relationen im Funktionspotential, wie sie in den paradigmatischen Oppositionen zu erkennen sind. Dies scheint mir ein weiteres wichtiges Indiz für die Differenzierung zwischen paradigmatischer und syntagmatischer Kompetenz zu sein (s. o.). Fragen nach der Ökonomie bzw. Effektivität sprachlicher Systeme erscheinen mir nur mit Bezug auf das phonologische Teilsystem sinnvoll (vgl. 2.1.), nicht jedoch bezüglich der morphologischen Teilsysteme. Die Feststellung, daß sich häufig obligatorische und fakultative Funktion(en) verschiedener grammatischer Kategorien decken (vgl. die fakultative Verwendung des Präsens als ›Futur‹ in ihrer Identität mit der obligatorischen Funktion des Futurs als ›Futur‹ im Deutschen u. ä.), spricht bereits gegen die Annahme einer Ökonomie, wonach das Funktionspotential der grammatischen Kategorien einer

Sprache wohlgeordnet zu sein hätte. Im multilateralen Sprachvergleich lassen sich bestenfalls stärkere oder schwächere Tendenzen zur Ökonomie bzw. Effektivität bestimmter Teilsysteme in bestimmten Sprachen feststellen. In der Wortbildung jeder Sprache gibt es Formantien, die polyfunktional sind. Bestimmte Kombinationen mehrerer Funktionen lassen sich auch als spezifische Wortbildungsmuster identifizieren. Ein solches Muster von Polyfunktionalität habe ich für verschiedene Sprachen untersucht. Es handelt sich dabei um die Funktionspolarität von Lebewesen-/Sachobjekt-Kennzeichnung (vgl. Haarmann 1972a, 1972b, 1975b).

Das deutsche deverbale und denominale nomenbildende Suffix -er bezeichnet Nomina agentis und Personenbezeichnungen, z. B. *Fahrer, Maler, Raucher, Kritiker,* Benennungen für Instrumente oder Gebrauchsgegenstände *Bohrer, Zähler, Schraubenzieher, Stecker* u. a. Mit -er werden auch Tierbezeichnungen gebildet, vgl. *Falter, Mauersegler* usw. Die Funktion des Suffixes ist teilweise nur erschließbar aus dem semantischen Gehalt des Basismorphems; dt. *Brecher/-brecher* kann sowohl eine Person als auch ein Werkzeug bezeichnen, in Zusammensetzungen wird die Bedeutung spezifiziert (vgl. *Eisbrecher, Mauerbrecher* gegenüber *Streikbrecher, Herzensbrecher* u. a.). Zwischen den Einzelfunktionen des Suffixes -er bestehen semantisch-assoziative Verbindungen, die man durch eine Merkmalanalyse sichtbar machen kann (z. B. [+ belebt, + menschlich]/[-belebt, + Objekt]).

Die Anzahl polyfunktionaler Formantien variiert von Sprache zu Sprache. Ein Haupttyp von Polyfunktionalität in modernen europäischen und außereuropäischen Schriftsprachen ist der obige, wobei ein Suffix auf der einen Seite Nomina agentis und Personen mit charakteristischen Eigenschaften bezeichnet, auf der anderen Seite Werkzeuge, Instrumente, Gegenstände, Funktoren usw. Im heutigen Französisch sind ebenfalls mehrfunktional die Suffixe *-eur, -ier, -trice, -euse* u. a. Im Spanischen bezeichnen die Suffixe *-dor, -dora, -ero, -era* sowohl Personen als auch Gegenstände (vgl. Haarmann 1975b).

Im Russischen sind fast zwanzig Suffixe produktiv, mit deren Hilfe das betreffende Wortbildungsmuster reproduziert wird, vgl. als Beispiel:

-tel', -itel'.
1. Personenbezeichnungen:
vgl. *presledovat'* »verfolgen« – *presledovatel'* »Verfolger«,
chranit' »hüten, bewahren« – *chranitel'* »Beschützer«,
smotret' »beaufsichtigen« – *smotritel'* »Aufseher, Wart«.

2. Bezeichnungen von Sachobjekten:
vgl. *otražat'* »widerspiegeln, zurückstrahlen« – *otražatel'* »Scheinwerfer«, *glušit'* »dämpfen, betäuben« – *glušitel'* »Dämpfer, Schalldämpfer, Auspufftopf«,
podogrevat' »aufwärmen« – *podogrevatel'* »Heizgerät«.

Die sprachliche Realität mit der Existenz zahlreicher Formantien zur Reproduktion ein und desselben Wortbildungsmusters scheint allen Vorstellungen von Sprachökonomie d. h. von der Ökonomie im Einsatz sprachlicher Mittel (Systemkategorien und Formantien) zu widersprechen. Die Widersprüchlichkeit ergibt sich jedoch in erster Linie aus der Beantwortung einer wenig sinnvollen theoretischen Fragestellung als aus den Gesetzmäßigkeiten des Sprachsystems selbst, in dem Polyfunktionalität verankert ist. Polyfunktionalität bei grammatischen Kategorien und bei Ableitungselementen im Bereich der Wortbildung ist meistens als funktionelle Hypertrophie zu deuten.

1.3. Das Sprachendiagramm Europas als Studienobjekt des multilateralen Vergleichs

Der Europabegriff ist eine Definitionsfrage. Wenn im folgenden Bezug genommen wird auf Europa, mag die Zugrundelegung des geographischen Europabegriffs willkürlich erscheinen. Denn wenn sich eindeutig der Ural als geographische Begrenzung des europäischen Kontinents nach Osten gegenüber Asien identifizieren läßt, entspricht dieser geographischen Barriere durchaus keine kulturhistorische oder politische Grenze. Versuche, den geographischen Europabegriff mit Hilfe kulturanthropologischer Kriterien definitorisch zu stützen, blieben bislang wenig erfolgreich. Dies liegt begründet in der Wahl eines notwendigerweise groben Rasters von soziokulturellen Parametern, mit deren Hilfe eine angebliche europäische ›Kultureinheit‹ bewiesen werden soll. Derartige Definitionsversuche kranken daran, daß sie einen Europabegriff als gegeben zugrunde legen, der eigentlich erst definitorisch abgesichert werden müßte. Derartige Definitionen haben daher allgemein den Charakter einer kulturanthropologischen Verbrämung des geographischen Europabegriffs. Die Annahme einer europäischen ›Kultureinheit‹ würde außerdem Phänomene wie die bekannten kulturhistorischen Kontakte im eurasischen Raum außer acht lassen, und Eurasien kann kulturanthropologisch weder als typisch europäische Kulturprovinz noch als charakteristischer asiatischer Kulturkreis bezeichnet werden. Die kulturanthropologischen Relationen zwischen Osteuropa einerseits und Mittelasien sowie Westsibirien andererseits finden im

Bereich der Sprache ihren Ausdruck in strukturtypischen Erscheinungen des sog. eurasischen Sprachbundes (vgl. Haarmann 1976a. 128ff.).
In sprachlicher Hinsicht läßt sich ein Europabegriff ebensowenig präzise definieren wie in kulturanthropologischer Hinsicht. Ob man das Türkische als europäische Sprache ansehen will oder als asiatische, ist einzig davon abhängig, welche Kriterien man für die Definition berücksichtigt. Betont man die Existenz des Balkantürkischen in Gestalt des Gagausischen (Bulgarien, Moldauische SSR/Sowjetunion) und der rumelischen Dialekte sowie die jahrhundertelange Beeinflussung der Balkansprachen durch das Türkische, so gehört diese Sprache sicherlich zu denen Europas. Hebt man die Entwicklung des Osmanisch-Türkischen im Rahmen der inneren und äußeren Sprachgeschichte hervor, so muß die Sprache zu denen Asiens gezählt werden. Ähnliche definitorische Ambivalenzen ergeben sich bei verschiedenen Sprachen im europäischen Teil der Sowjetunion (vgl. Jurakisch, Baškirisch, Tatarisch, Kalmykisch). Auch das Maltesische kann nach bestimmten Kriterien als Sprache Europas angesehen werden, andere Gesichtspunkte lassen es ebenso plausibel erscheinen, es als nordafrikanischen Vertreter des Arabischen zu klassifizieren.
Bei der Begrenzung des Sprachendiagramms halte ich mich an den geographischen Europabegriff. Dies bedeutet, daß diejenigen Sprachen als europäisch bezeichnet werden, die auf dem europäischen Kontinent verbreitet sind. Auf den ersten Blick mutet diese Definition des europäischen Sprachendiagramms willkürlich an, tatsächlich ist diese Einteilung aber sinnvoll und bietet methodische Vorteile. Die Beschränkung auf die Definition des Europabegriffs in geographischer Perspektive vermeidet Fehlinterpretationen wie die, eine kulturanthropologische Einheit Europas vorwegzunehmen und damit zu operieren, die erst bewiesen werden müßte (vgl. Décsy 1973). Meines Wissens hat man Europa weder in kulturanthropologischer noch in sprachlicher Hinsicht jemals negativ definiert, obwohl dies die einzige Alternativlösung darstellt, um dem Dilemma präjudizierender Definitionen zu entrinnen. Europa läßt sich zwar vom geographischen Standort aus leicht positiv definieren und gegenüber Asien abgrenzen, nicht aber in sprachlicher Hinsicht. Hier ist nur eine Negativdefinition möglich. Die Sprachen des geographischen Europa zeigen in ihrer Struktur zahlreiche Eigenheiten, die auch viele andere Sprachen in anderen Kontinenten aufweisen. Andererseits gibt es außerhalb Europas zahlreiche Charakteristika im Bau von Einzelsprachen, die in Europa unbekannt sind. Um dies zu verdeutlichen, wähle ich ein Beispiel aus der Phonologie. Es gibt

keine Sprache auf europäischem Boden – sei sie indogermanischen, uralischen oder altaischen Ursprungs –, die nicht über folgendes Minimalsystem von Vokalphonemen verfügt:
/a/ /e/ /i/ /o/ /u/
Außerhalb Europas gibt es Sprachen, deren Inventar an Vokalphonemen extrem einfach strukturiert ist. Zum Vergleich sei hier das Ubychische, eine kaukasische Sprache, genannt, das nur zwei Vokalphoneme kennt:
/a/ /ə/
Typisch für das phonologische System aller kaukasischer Sprachen, zu denen nach ihrer genetischen Verwandtschaft die drei autochthonen Gruppen, die südkaukasischen (bzw. kharthvelischen) Sprachen (z. B. Georgisch), die nordwestkaukasischen (bzw. westkaukasischen) Sprachen (z. B. Abchazisch), die nordostkaukasischen (bzw. ostkaukasischen) Sprachen (z. B. Avarisch), indogermanische (z. B. Armenisch, Kurdisch) und türkische Sprachen (z. B. Azerbajdžanisch, Kumykisch) gehören, ist das Vorkommen von Kehlkopfverschlußlauten, Pharyngalen und Laryngalen (vgl. p̣, ṭ, ḳ, ç, č̣ usw.), die als Phoneme in europäischen Sprachen unbekannt sind. Extreme Unterschiede im Inventar der Vokal- und Konsonantenphoneme, wie sie zwischen einzelnen kaukasischen Sprachen auftreten (vgl. Čečenisch: 30 Vokalphoneme gegenüber Abchazisch: 2 Vokalphoneme; Ubychisch: 80 Konsonantenphoneme gegenüber Georgisch: 30 Konsonantenphoneme, u. ä.), gibt es bei europäischen Sprachen nicht.
Der exemplarische Hinweis auf die Unvergleichbarkeit europäischer mit außereuropäischen Verhältnissen darf allerdings nicht dahingehend überbewertet werden, daß alles, was in Europa vorkommt, auch außerhalb Europas zu finden ist, andererseits das, was außereuropäischen Sprachen eigen ist, nicht selten in den Sprachen Europas inexistent ist. Dies würde zu dem Fehlschluß verleiten, Europas Sprachen würden eine Art ›Normaltyp‹ in struktureller Hinsicht repräsentieren. Europas Sprachen kennen auch Charakteristika, die außerhalb Europas selten oder gar nicht vorkommen, nur erlauben diese besonderen Phänomene nicht, das Sprachendiagramm Europas als typisch ›europäisch‹ zu kennzeichnen (vgl. 4.2. und 4.3.). Wenn also die Abgrenzung des weiter unten aufgestellten Sprachendiagramms Europas dennoch sinnvoll sein soll, muß die Einteilung eine andere Begründung finden. Innerhalb Europas ergeben sich starke Divergenzen im Vergleich verschiedener Sprachstrukturen miteinander. Ich weise im voraus auf Extremunterschiede wie die zwischen dem grammatischen Bau des Baskischen, Englischen, Französischen, Tatarischen und anderer Sprachen hin. Nicht nur auf

die Ganzsysteme von Sprachen verschiedenen Typs bezogen ergeben sich starke Kontraste, auch – und vor allem – beim Vergleich der Teilsysteme werden große Strukturunterschiede erkennbar. Dem Minimalsystem von 5 einfachen Vokalphonemen, wie es das Spanische oder Russische repräsentieren, stehen differenzierte Systeme mit 12 (Portugiesisch) oder 15 (Französisch) Vokalphonemen gegenüber. Der Vergleich der Sprachen Europas deckt Ähnlichkeiten (Vergleichbares) und Unähnlichkeiten (Unvergleichbares) in ihrer Struktur auf, die zwar nicht die Spannungsbreite wie bei einer typologischen Reihenuntersuchung im Weltmaßstab erreichen, dafür aber mit Bezug auf den Kontrast der Ganzsysteme (vgl. 2.) wegen des begrenzten Korpus eine größere Präzision erlaubt. Hier zeigt sich der eigentliche Vorteil eines begrenzten Korpus. Einerseits zeigen die Sprachen Europas hinreichend viele Kontraste, so daß Europas Sprachendiagramm durchaus für Fragestellungen nach Universalien ein exemplarisches Experimentierfeld darstellt. Andererseits bietet ein begrenzter Korpus die Möglichkeiten einer exakten Quantifizierung der Ergebnisse.

Insgesamt 65 lebende Einzelsprachen repräsentieren das europäische Sprachendiagramm. Nach ihrer genetischen Zugehörigkeit sowie ihrer engeren verwandtschaftlichen Beziehungen zueinander lassen sich diese Sprachen folgendermaßen gruppieren (Haarmann 1975a. 29ff.):

Sprachfamilien:

1. Indogermanische (indoeuropäische) Sprachen
2. Uralische Sprachen
3. Altaische Sprachen

Sprachgruppen und Einzelsprachen:

1. Indogermanische (indoeuropäische) Sprachen
   1.1. Germanische Sprachen
      1.1.1. Westgermanische Sprachen
         1.1.1.1. Deutsch*   1.1.1.2. Niederdeutsch   1.1.1.3. Englisch
         1.1.1.4. Niederländisch   1.1.1.5. Jiddisch   1.1.1.6. Friesisch
      1.1.2. Nordgermanische (nordische) Sprachen
         1.1.2.1. Schwedisch   1.1.2.2. Dänisch   1.1.2.3. Norwegisch
         1.1.2.4. Isländisch   1.1.2.5. Färingisch (Färisch)
   1.2. Slavische Sprachen
      1.2.1. Ostslavische Sprachen
         1.2.1.1. Russisch   1.2.1.2. Ukrainisch   1.2.1.3. Weißrussisch
      1.2.2. Westslavische Sprachen
         1.2.2.1. Polnisch   1.2.2.2. Kaschubisch   1.2.2.3. Sorbisch
         1.2.2.4. Tschechisch   1.2.2.5. Slovakisch
      1.2.3. Südslavische Sprachen

1.2.3.1. Slovenisch   1.2.3.2. Serbokroatisch
1.2.3.3. Makedonisch   1.2.3.4. Bulgarisch
1.3. Baltische Sprachen
   1.3.1. Litauisch
   1.3.2. Lettisch
1.4. Romanische Sprachen
   1.4.1. Westromanische Sprachen
   1.4.1.1. Französisch   1.4.1.2. Occitanisch
   = Galloromanische Sprachen
   1.4.1.3. Spanisch*   1.4.1.4. Portugiesisch*   1.4.1.5. Katalanisch
   = Iberoromanische Sprachen
   1.4.1.6. Rätoromanisch = Alpenromanische Sprache
   1.4.2. Ostromanische Sprachen
   1.4.2.1. Italienisch   1.4.2.2. Rumänisch*
   1.4.3. Sardisch
1.5. Keltische (inselkeltische) Sprachen
   1.5.1. Britannische Sprachen
   1.5.1.1. Kymrisch   1.5.1.2. Bretonisch
   1.5.2. Goidelische (gälische) Sprachen
   1.5.2.1. Irisch   1.5.2.2. Schottisch-Gälisch
   1.5.2.3. Manx-Gälisch (Manx)
1.6. Griechisch (Neugriechisch)
1.7. Albanisch
1.8. Zigeunerisch
2. Uralische Sprachen
   2.1. Finnisch-ugrische Sprachen
      2.1.1. Finnisch-permische Sprachen
      2.1.1.1. Finnisch   2.1.1.2. Karelisch   2.1.1.3. Estnisch
      2.1.1.4. Livisch   2.1.1.5. Votisch   2.1.1.6. Ingrisch
      2.1.1.7. Vepsisch = Ostseefinnische Sprachen
      2.1.1.8. Lappisch
      2.1.1.9. Komi-Syrjänisch   2.1.1.10. Komi-Permjakisch
      2.1.1.11. Votjakisch = Permische Sprachen
      2.1.1.12. Čeremissisch   2.1.1.13. Erza-Mordvinisch
      2.1.1.14. Mokša-Mordvinisch = Finnisch-volgaische Sprachen
      2.1.2. Ugrische Sprache(n)
      2.1.2.1. Ungarisch
      (Die beiden anderen ugrischen Sprachen, das Vogulische bzw. Mansische und das Ostjakische bzw. Chantische, sind in Westsibirien verbreitet und gehören definitorisch nicht zum europäischen Sprachendiagramm)
   2.2. Samojedische Sprache(n)
      2.2.1. Jurakisch
      (Die anderen samojedischen Sprachen, das Jenissej-Samojedische bzw. Enzische, das Tavgi-Samojedische bzw. Nganasanische und das Ostjak-Samojedische bzw. Sel'kupische, sind in Westsibirien verbreitet und gehören definitorisch nicht zum europäischen Sprachendiagramm)

3. Altaische Sprachen
   3.1. Turksprachen (Türkische Sprachen)
      3.1.1. Westliche Turksprachen
         3.1.1.1. Tatarisch   3.1.1.2. Baškirisch   3.1.1.3. Karaimisch
         = Nordwestliche (kypčakische) Turksprachen
         3.1.1.4. Čuvašisch = Volgabulgarische Turksprache
         3.1.1.5. Gagausisch* = Ogusische Turksprache
   3.2. Mongolische Sprache(n)
      3.2.1. Kalmykisch
      (Die anderen mongolischen Sprachen sind in Sibirien verbreitet und gehören definitorisch nicht zum europäischen Sprachendiagramm)

4. Maltesisch (einziger Vertreter der semitischen Sprachgruppe in Europa, gehört zur maghrebinischen Dialektgruppe des Nordarabischen)

5. Baskisch (isolierte Sprache, d. h. ohne verwandtschaftliche Zugehörigkeit zu irgendeiner Sprachfamilie, Sprachgruppe oder Einzelsprache der Erde)

Zu den durch ein Asterisk (*) gekennzeichneten Sprachen der Übersichtstabelle stehen andere Sprachformen in enger linguistischer Affinität, so daß sich für folgende europäische Kommunikationsmedien ein besonderes Sprache-Dialekt-Verhältnis ergibt:

Deutsch* : Letzeburgisch
      (Moselfränkischer Dialekt in Luxemburg)
Spanisch* : Judenspanisch/Ladino
      (Spanischer Dialekt in den Balkanländern)
Portugiesisch* : Galicisch
      (Portugiesischer Dialekt in Nordwestspanien)
Rumänisch* : Moldauisch
      (Rumänischer Dialekt in Bessarabien und Transnistrien/Sowjetunion)
Gagausisch* : Osmanisch-Türkisch
      (Dialekt des Osmanisch-Türkischen in der Moldauischen SSR/Sowjetunion)

Die oben genannten Dialekte (Letzeburgisch, Judenspanisch, Galicisch, Moldauisch, Gagausisch) können in einer Klassifikation der Sprachen Europas nicht fehlen. Bei diesen Sprachformen handelt es sich um selbständige Schriftmedien, die im Rahmen besonderer soziopolitischer Bedingungen entstanden und unabhängig von den jeweiligen Standardsprachen (Schriftdeutsch, Schriftspanisch, Schriftportugiesisch, Schriftrumänisch, Schrifttürkisch) ausgebaut wurden. Als Schriftmedien kommt diesen Dialekten der gleiche Rang zu wie den nahestehenden Standardsprachformen, allerdings (mit Ausnahme des Letzeburgischen) in territorial-politischer Trennung von deren Geltungsbereich. Der Status dieser Sprachformen läßt sich als der von *Schrift*- und/oder *Kulturdialekten* charakterisieren (vgl.

Haarmann 1975a. 186ff.), das Verhältnis von primärer und sekundärer Standardsprache (vgl. primäre SSpr: Dacorumänisch, sekundäre SSpr: Moldauisch usw.) kennzeichnet den Typ einer *polyzentrischen Hochsprache* (vgl. Kloss 1969). Es gibt noch andere Sprachformen, deren Status einer Art Übergangsstadium vom Schrift- zum Kulturdialekt entspricht (vgl. Lallans in Schottland, Burgenland-Kroatisch, Russinisch und Aromunisch in Jugoslawien usw.). Diese Sprachformen mit ihrem soziologischen Sonderstatus habe ich im vorliegenden Zusammenhang nicht berücksichtigt.
Das in der obigen Klassifikation manifestierte Konzept der ›historischen Einzelsprache‹ entspricht nur zu einem Teil den linguistisch fixierbaren Grenzen hinsichtlich der Distribution von Sprache(n) und Dialekt(en). Aus Kapazitätsgründen kann sich die Sprachtypologie beim multilateralen Vergleich derzeit bestenfalls auf die Standardsprachen stützen, deren Systeme miteinander verglichen werden. Wo keine Standardsprache existiert (vgl. Karelisch, Sardisch), wird ein Dialekt stellvertretend für alle anderen Varietäten analysiert. Die Standardsprachen sind historisch gewachsen (bzw. ihre Existenz findet in der historischen Entwicklung ihre Begründung). Demzufolge ist das Diagramm europäischer Schriftmedien das Ergebnis weitgehend außersprachlicher determinierender Faktoren. Wenn die italienische Sprache im vorliegenden Zusammenhang typologisch charakterisiert wird, sind die Aussagen für die italienische Schriftsprache (als Varietät stellvertretend für andere Subsysteme des als Italienisch definierbaren Gesamtsystems) zutreffend, sagen jedoch nichts aus über die Stellung des Sizilianischen (dem mit einiger Berechtigung durchaus der Status einer selbständigen Sprache zuzuerkennen wäre). Insofern entspricht das vorliegende Sprachendiagramm Europas hinsichtlich der Historizität der (durch außersprachliche Faktoren determinierten) Standardsprachen einem Provisorium, mißt man die Einteilung an den Zielsetzungen einer Idealklassifikation, wie sie sich als Aufgabe einer an der innerlinguistischen Struktur als Studienobjekt orientierten Sprachtypologie stellt. Sollte die Sprachtypologie zu einem späteren Zeitpunkt der Forschung über ein Raster verfügen, anhand dessen Ähnlichkeiten und Abweichungen in verschiedenen Abstufungen gemessen werden können, und das es ermöglicht, nicht nur Standardsprachformen, sondern ebenso Dialekte miteinander zu kontrastieren, könnte man vom Standort der inneren Sprachwissenschaft zu einer Klassifizierung kommen, die derzeitige Grenzen der historischen Einzelsprachen transzendiert. Ein Beispiel zur Illustration: Vom Standpunkt des historischen Wachsens von Standardsprachen mit ihrem überdachenden Geltungsbereich (Überdachung schriftloser Dialekte durch

ein verschriftetes hochsprachliches Medium) ist das Aragonesische ein Dialekt des Spanischen, das Katalanische eine selbständige Einzelsprache, das Gascognische entweder als Dialekt des Occitanischen oder wie das Katalanische als selbständige Sprache in Südfrankreich anzusehen. Vom Standpunkt der linguistischen (innerstrukturellen) Affinitäten der genannten Sprachformen ergibt sich eine Neugliederung, die die Grenzen der historischen Einzelsprachen Spanisch, Katalanisch und Occitanisch transzendiert und zur Konzeption einer pyrenäenromanischen Sprache führt, die ihre ›Existenz‹ strukturellen Affinitäten im phonologischen, morphologischen, syntaktischen sowie lexikalischen Teilsystem verdankt.

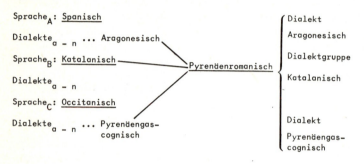

2. Typologie der Ganzsysteme europäischer Sprachen

Die Analyse des Ganzsystems einer Sprache und die Klassifikation von Sprachen nach Strukturtypik und Konstruktionsmechanismus ihrer Ganzsysteme sind unbestrittene Ideale der allgemeinen Sprachtypologie. Symptomatisch für die große Diskrepanz zwischen theoretischem Ideal und konkreter Annäherung in Richtung auf dieses Ideal sind die Auseinandersetzungen darüber, was als Ganzsystem zu gelten hat, und nach welchen Kriterien die Informationen einer Ganzsystemanalyse meßbar gemacht werden können. Die in diesem Kapitel vorgestellten Modelle einer Ganzsystemanalyse, mit denen eine Sprachtypologie erstellt werden soll, unterscheiden sich stark voneinander. Dies gilt
a) für die Konzeption des Ganzsystems;
b) für die empirische Verwirklichung des Modells;
c) für die Verwertbarkeit (Meßbarkeit) der Ergebnisse;
d) für die Zielsetzung der Klassifikation mit Hilfe des Modells.
Es stehen sich dabei Modelle mit einem hohen Grad an Ganzheitlichkeit (vgl. 2.1., 2.3.) und ein solches mit geringem Grad an Ganzheitlichkeit (vgl. 2.2.) gegenüber. Dem Kriterium der Quantifizierbarkeit wird zwar in den Modellen unterschiedliches Gewicht beigemessen, in allen Modellen ist aber die Quantifizierung von Ergebnissen ein integrierender Faktor. Von den genannten Modellen ist bisher keines empirisch verwirklicht worden.

Die vielfältigen Implikationen der Modelle konnten im Rahmen der vorliegenden Studie aus Platzgründen nur auswahlweise diskutiert werden. Im Vordergrund steht für mich die Diskussion der Kriterien, die die Konzeption des Ganzsystems (d. h. die Vorstellungen über die Differenzierung sprachlicher Ganzsysteme) bestimmen. Ebenso ist die Auswahl der Modelle selbst notwendigerweise begrenzt. Die Tatsache, daß die Modelle einer Ganzsystemanalyse, wie sie von Revzin (1962), Uspenskij (1962, 1965), Milewski (1970) und anderen konzipiert wurden, hier nicht näher behandelt werden, präjudiziert nichts hinsichtlich ihres Stellenwerts im Rahmen der allgemeinen Sprachtypologie.

2.1. Numerische Taxonomie und ihre Anwendung auf Ganzsysteme

Es gibt verschiedene Ansätze, Ganzsysteme und Teilsysteme mit Hilfe quantifizierender Methoden zu analysieren. Den meisten Versuchen ist gemeinsam, daß sie einerseits bestimmte Merkmale von Sprachen als »markant« oder »wesentlich« ansehen und sich (unter Vernachlässigung anderer, nicht wesentlicher Eigenarten) ausschließlich auf deren Analyse konzentrieren, daß sie andererseits dem ganzheitlichen Charakter der Sprache durch Beschränkung der Analyse auf wenige Teilsysteme oder sogar Sektionen von Teilsystemen nicht gerecht werden. Aussagen über verschiedene Sprachtypen erhalten dadurch den Anschein präjudizierter Konstrukte, die nachträglich durch Quantifizierung erhärtet werden. Aufbauend auf den von Sokal und Sneath formulierten Grundlagen der numerischen Taxonomie (1963) versuchen Altmann und Lehfeldt, einerseits die Prinzipien der numerischen Taxonomie strikt anzuwenden und andererseits Präjudizierungen über »wesentliche Eigenarten« zu vermeiden. Quantifizierende Methoden stellen für Altmann und Lehfeldt nicht bloß ein operationelles Instrumentarium dar, sondern sie sind konstitutives Element der Theoriebildung im Rahmen einer allgemeinen Sprachtypologie (1973). Die von Sokal und Sneath (1963. 50) aufgestellten Prinzipien werden von Altmann und Lehfeldt sprachtypologisch interpretiert (Altmann – Lehfeldt 1973. 17ff.).

Prinzip 1: *Die ideale Typologie*
Altmann und Lehfeldt betonen die Zweckgebundenheit von Klassifikationen, denn die Auswahl der Kriterien, nach denen klassifiziert wird, determiniert gleichzeitig den Informationswert, den eine Klassifikation erbringt. Nach dieser Korrelation werden speziellere und generellere Klassifikationen unterschieden, wobei die Grenzen zwischen beiden Arten nur tendenzmäßig, nicht aber aufgrund deutlicher Unterschiede hinsichtlich des Informationsvolumens erkennbar sind. Dies bedeutet, daß die Auswahl spezifischer Merkmale zum Zweck der Klassifikation einen entsprechend spezielleren Informationswert bedingt, und daß die Berücksichtigung einer großen Anzahl von Merkmalen den Informationswert der Klassifikation notwendigerweise erhöht und dieser den Charakter einer generelleren Klassifikation verleiht.

»Klassifizieren wir Sprachen als ganze, so wollen wir aus der Klassifikation möglichst viele Informationen über eine Vielzahl von Sprachmerkmalen gewinnen. Diesem Zweck wird am besten eine Klassifikation gerecht, die so generell und damit, (. . .), so prädiktiv wie möglich ist« (Altmann – Lehfeldt 1973. 20).

In Fortführung einer langen wissenschaftsgeschichtlichen Tradition, die von den Definitionen des Aristoteles (Sätze, die das Wesen eines Dings, einer Klasse von Gegenständen beschreiben = essentialistische Definitionen) ihren Ausgang nimmt, klassifizieren die Typologen die Sprachen nach den Regeln der logischen Division. Dieses Prinzip hebt Panfilov (1969) erneut hervor. Die vom Sprachtypologen identifizierten Gemeinsamkeiten, die nach der Auffassung von Aristoteles das Wesen einer Klasse ausmachen, sind nach Panfilovs Ansicht gleichzeitig die »wesentlichen« Merkmale einer Sprache. Gegen ein solches Vorgehen richten sich Altmann und Lehfeldt entschieden und formulieren ihre Einwände in Form einer methodischen Antithese:

»Sobald man sich entschlossen hat, Sprachen divisiv zu klassifizieren, ist die Möglichkeit verspielt, eine möglichst generelle und prädiktive Klassifikation zu errichten« (Altmann – Lehfeldt 1973. 26).

Als Alternative bietet sich für Altmann und Lehfeldt die Erforschung möglichst vieler Merkmale der zu klassifizierenden Gegenstände (d. h. Sprachen) an. Die Zusammenfassung einer großen Zahl gemeinsamer, allerdings nicht spezifizierter Merkmale aus der Gesamtzahl von n untersuchten Merkmalen zu einer Gruppe bzw. Klasse vermeidet eine Klassenbestimmung a priori. Zur Gruppierung der Gegenstände nach ihren gemeinsamen Merkmalen gehört gleichzeitig die Kenntnis über die Korrelation der betreffenden Merkmale.

»Eine Klassifikation gewinnt nur dadurch an Informationswert, daß man die Merkmalszusammenhänge innerhalb der Klassen aufdeckt, d. h. daß man den Aufbau, die Konstruktion (den ›Typ‹) der Klassen erforscht. Das Konstruktionsprinzip (der ›Typ‹) sprachtypologischer Klassen ist das Netz der Merkmalszusammenhänge, die nicht a priori bekannt sind, sondern die man erforschen kann, *nachdem* eine polythetische Klassifikation aufgebaut worden ist« (Altmann – Lehfeldt 1973. 28).

Prinzip 2: *Die Gewichtung der Merkmale*
In einer nach dem Prinzip der logischen Division erstellten, d. h. monothetischen Klassifikation ergibt sich die Problematik der Gewichtung von Merkmalen, die als Gliederungskriterien ausgewählt werden. Zumeist wird von den Sprachtypologen den gemeinsamen Merkmalen das Attribut »wesentlich«, »charakteristisch«, »fundamental« usw. beigemessen (vgl. Greenberg 1960, Hjelmslev 1968, Panfilov 1969, Krámský 1972 u.a.). Die Argumentation bezüglich des Prinzips der logischen Division, dem Altmann und Lehfeldt ihre Antithese entgegenstellen (s. o.), beinhaltet bereits die Ablehnung eines solchen Vorgehens bei der Merkmalauswahl. Nach dem Prinzip einer polythetischen Klassifikation ist eine Gewichtung a priori nicht denkbar. Denn einerseits kann *vor* der Klassifikation nicht be-

kannt sein, wieviele Merkmale für die Charakteristik einer Sprache entscheidend sind, andererseits (dies folgt daraus) können die Korrelationen zwischen einzelnen Merkmalen nicht vorher bekannt sein. Diese Grundsätze vermitteln den Eindruck, daß jede Klassifikation nach angeblich »wesentlichen« Merkmalen entweder ein theoretisches Konstrukt oder eine (nichtrepräsentative) Zufallsgruppierung darstellt. Für Altmann und Lehfeldt ergibt sich die Notwendigkeit, eine möglichst umfassende Kriterienskala zu erstellen, vor der Klassifikation von einer Gewichtung einzelner Merkmale abzusehen und erst a posteriori mit Hilfe der numerischen Taxonomie Merkmale und Merkmalkorrelationen zu gewichten. Die einzig zulässige Art von Gewichtung a priori besteht nach Altmann und Lehfeldt in der Aussonderung von Merkmalen genetischer Natur. Dabei handelt es sich allerdings um ein methodisches Prinzip von Selektionsbewertung, wenn in einer generellen Klassifikation nur synchrone Merkmale Berücksichtigung finden (vgl. Altmann – Lehfeldt 1973. 32 f.).

Prinzip 3: *Die globale Ähnlichkeit*
Unter globaler Ähnlichkeit (overall similarity) wird hierbei die Funktion der Ähnlichkeit aller verglichener Merkmale, aufgrund derer man zur Gruppierung der Sprachen gelangt, verstanden. Allgemein formuliert werden zwei Gegenstände als ähnlich bezeichnet, »wenn sich viele ihrer Merkmale ähneln« (Altmann – Lehfeldt 1973. 33 f.).

Prinzip 4: *Die Taxa*
Das Prinzip der Taxa betrifft die Problematik der Klassenanzahl sowie die des Sprachtyps. Seit der Aufstellung von Sprachtypen (F. Schlegel unterschied wie sein Bruder A. W. Schlegel drei, Humboldt vier usw.) kann man feststellen, daß sich die Klassifikationskriterien nur auf die morphologische Struktur beziehen, es handelt sich also um rein monothetische Klassifikationen, d. h. solche, die nur auf den Merkmalen von sprachlichen Teilsystemen (nicht des Ganzsystems) basieren. Bis heute werden die klassischen fünf Typen (flektierend, agglutinierend, isolierend, introflektierend, polysynthetisch) tradiert. Schon Sapir (1921) hatte die Typenskala auf zahlreiche Positionen (Kombinationen verschiedener Einzeltypen) erweitert, hierin folgt ihm Lewy (1942 = 1964). Das Grundprinzip monothetischer Klassifikationen besteht allgemein in der Analyse strukturtypischer Merkmale aus dem Bereich der Morphologie (vgl. das Prinzip der morphologischen Sprachklassifikation).
Andersartig sind die Prinzipien der polythetischen Klassifikation. Die Sprachtypen der monothetischen Klassifikation behalten da-

nach bestenfalls einen Wert als theoretische Idealtypen (vgl. Skalička 1966b, 2.2.), die in der Realität nicht existieren, denen man die natürlichen Sprachen daher auch nicht zuordnen kann. Vielmehr stellen alle natürlichen Sprachen in der einen oder anderen Weise »Mischtypen« dar, sie weisen verschiedenartige Tendenzen auf, die für den einen oder anderen Idealtyp charakteristisch sind. Das Finnische etwa ist ebenso wie das Deutsche eine *flektierende* Sprache, die Morphologie ist weitgehend *synthetisch*. Diese Feststellung ist insofern wenig nützlich, als einerseits die analytischen Tendenzen in beiden Sprachen außer Betracht bleiben, andererseits die Unterschiede zwischen beiden Sprachen (ihr relativer Abstand) nicht spezifiziert werden. Beide Sprachen sind in der Tat sowohl durch synthetische als auch analytische Tendenzen gekennzeichnet, sie unterscheiden sich voneinander durch die jeweils andersartige Korrelation zwischen Synthetismus und Analytismus. Die Funktionen von Ähnlichkeit und Distanz werden mit Hilfe der numerischen Taxonomie in einer Skala darstellbar. Entsprechend den obigen Bemerkungen zu Prinzip 1 und 2 soll eine möglichst große Anzahl von Merkmalen berücksichtigt werden, deren numerische Analyse die Aufstellung von Klassen, das Aufdecken von Korrelationen zwischen den Merkmalen sowie des Konstruktionsmechanismus der Sprache gestattet.

»Die Klassifizierung der Sprachen verläuft so, daß man zuerst die Ähnlichkeit der Sprachen hinsichtlich einer möglichst hohen Zahl von Merkmalen berechnet und dann auf der Grundlage der Matrix der Ähnlichkeitskoeffizienten die Klassen aufstellt. Bei der Suche nach Zusammenhängen hingegen verfährt man auf die Weise, daß man einfach die Korrelationen zwischen den Merkmalen untersucht, wie sie jeweils in vielen Sprachen gemessen worden sind. Dadurch erlangt man Einblick in das Netz der Merkmalszusammenhänge, aus dem man den Bau der Sprache ablesen kann. So werden alle verborgenen Mechanismen, die in der Sprache wirken, wird das ganze Konstruktionsprinzip natürlicher Sprachen sichtbar« (Altmann – Lehfeldt 1973. 37).

Im Unterschied zu den traditionellen Sprachtypen repräsentiert eine polythetische Klassifikation ein Konstruktionsprinzip. Indizes zur numerischen Veranschaulichung von morphologischen Eigenschaften haben Greenberg (1960) und Krupa (1965) erstellt. Es handelt sich dabei um folgende zehn Merkmale:

W/M	–	Synthetismus bzw. Analytismus
A/J	–	Agglutination
W/R	–	Komposition
D/M	–	Derivation
I/M	–	Flexion
P/M	–	Präfixation

S/M – Suffixation
O/N – Isolation
Pi/N – reine Flexion
Co/N – Kongruenz

(*W* = Anzahl der Wörter; *M* = Anzahl der Morpheme pro Wort; *A* = Anzahl der agglutinierenden Konstruktionen; *J* = Anzahl der morphematischen Junkturen; *R* = Anzahl der Wurzelmorpheme; *D* = Anzahl der Derivationsmorpheme; *I* = Anzahl der Flexionsmorpheme; *P* = Anzahl der Präfixe; *S* = Anzahl der Suffixe; *O* = Anzahl der Orders; *N* = Anzahl der Nexus; *Pi* = Anzahl der reinen Flexionen; *Co* = Anzahl der Kongruenzen.)

Altmann und Lehfeldt berechnen nach diesen Merkmalen, die sie als Elemente eines Profilvektors auffassen (Darstellung der Koordinaten einer Sprache in einem zehndimensionalen Raum), die Werte der Indizes für insgesamt 20 Sprachen. Zur Veranschaulichung greife ich lediglich die analysierten Sprachen Europas heraus, außerdem das Eskimo zur Kontrastierung (Angaben nach Tabelle I bei Altmann – Lehfeldt 1973. 40):

Sprache	W/M	A/J	W/R	D/M	I/M	P/M	S/M	O/N	Pi/N	Co/N
Griechisch (Homer)	0.48	0.10	0.99	0.10	0.41	0.03	0.48	0.48	0.27	0.26
Griechisch (N.T.)	0.41	0.12	0.97	0.11	0.47	0.07	0.51	0.34	0.32	0.34
Neugriechisch	0.55	0.40	0.98	0.07	0.37	0.02	0.42	0.53	0.21	0.26
Altenglisch	0.47	0.11	1.00	0.09	0.42	0.03	0.48	0.15	0.47	0.38
Neuenglisch	0.60	0.30	1.00	0.09	0.32	0.02	0.38	0.75	0.14	0.11
Gotisch	0.43	0.19	0.97	0.13	0.42	0.04	0.52	0.37	0.34	0.29
Altkirchenslavisch	0.44	0.20	1.00	0.15	0.41	0.05	0.51	0.41	0.33	0.26
Eskimo	0.27	0.03	1.00	0.34	0.47	0.00	0.73	0.02	0.46	0.38

Entsprechend einer auf S. 42 vorgeführten Formel berechnen Altmann und Lehfeldt (1973. 42/43) die Distanzen zwischen den einzelnen Sprachen (Ausschnitt entsprechend der obigen Auswahl):

Sprache	Gr.(H)	Gr. (N.T.)	NGr.	AE	NE	Got.	AKSl.	Esk.
Gr.(H)	–	0.20	0.33	0.40	0.43	0.18	0.15	0.66
Gr.(N.T.)	0.20	–	0.42	0.26	0.60	0.11	0.16	0.51
NGr.	0.33	0.42	–	0.57	0.31	0.34	0.31	0.80
AE	0.40	0.26	0.57	–	0.78	0.29	0.34	0.44
NE	0.43	0.60	0.31	0.78	–	0.54	0.49	1.05
Got.	0.18	0.11	0.34	0.29	0.54	–	0.07	0.54
AKSl.	0.15	0.16	0.31	0.34	0.49	0.07	–	0.58
Esk.	0.66	0.51	0.86	0.44	1.05	0.54	0.58	–

Nach der Graphik (Abb. 2 bei Altmann – Lehfeldt 1973. 41), in der die *Sprachklassen* vermerkt werden, gehören die Sprachen folgenden Klassen an:
Klasse A: Eskimo; Klasse B: Altenglisch; Klasse D: Neuenglisch, Neugriechisch; Klasse F: Gotisch, Altkirchenslavisch, Griechisch (N. T.), Griechisch (Homer).

Nachdem die Merkmalzusammenhänge in Form der Korrelationskoeffizienten berechnet worden sind (vgl. Tabelle III bei Altmann – Lehfeldt 1973. 45), kann der den Klassen unterliegende »Typ« ermittelt werden. Klasse B ist dann beispielsweise durch die folgenden Merkmalausprägungen charakterisiert, die diese Klasse gegenüber allen anderen individualisiert:
[W/M < 0.90; O/N > 0.30; P/M < 0.20; S/M < 0.45]

»Die externe Prädiktivität sichert die Möglichkeit, andere Sprachen in die Klassifikation aufzunehmen. Welchen Namen man aber diesem ›Typ‹ gibt, ist ganz und gar gleichgültig. Erst dann, wenn die Zahl der bearbeiteten Sprachen sehr groß geworden ist, wird es sinnvoll sein, sich eine geeignete Nomenklatur zu überlegen. Aber auch dann ist der Name als solcher nicht wichtig. Es ist die hinter dem Namen stehende linguistische Information, die für die Anwendung der Typologie von Bedeutung ist« (Altmann – Lehfeldt 1973. 48).

Prinzip 5: *Empirismus*
Die im Rahmen linguistischer Theorien verwendeten Begriffe wie ›Phonem‹, ›Klasse‹, ›Syntagma‹, ›Ähnlichkeit‹ usw. sind theoretische Konstrukte, deren Existenz durch die realen, beobachtbaren Objekte nicht bestätigt wird. Jede Theorie ist allerdings auf solche Begriffe angewiesen, wenn sie analysierte und klassifizierte Objekte in einen Zusammenhang bringen will. Insofern ist die Linguistik und damit die Sprachtypologie eine empirische Wissenschaft. Die metasprachlichen Begriffe sind niemals unabhängig von der Intention des Wissenschaftlers, der sie prägt bzw. verwendet. Nach Popper (1964. 87 ff.) orientieren sich die Beobachtungsbegriffe an einem spezifischen Forschungsziel. Dieses liegt nicht in den beobachtbaren Gegenständen selbst, sondern es entspricht einer Zielvorstellung des Wissenschaftlers. Der Sprachklassifikation kommt auf diesem Hintergrund ebenfalls die Rolle einer nicht in den Dingen selbst liegenden Ordnungsgröße zu, sie entspricht einer Art Fadenkreuz im Fernrohr, mit dessen Hilfe die Orientierung bei der Beobachtung erleichtert wird, das jedoch am Himmel nicht existiert. Wenn die Beschreibungsbegriffe weitgehend abhängig sind von den (subjektiven bzw. intuitiven) Zielvorstellungen desjenigen, der sie verwendet, so folgt daraus, daß in den verschiedenen Sprachtheorien bzw. Teil-

theorien die Begriffe sich nicht decken, weil nämlich unterschiedliche Forschungsziele zu unterschiedlichen operationalen Definitionen führen u. ä. Die erstellte Klassifikation wird daher mit zunehmender Erkenntnis aus den Beobachtungen der realen Gegenstände sukzessive erweitert, ihr Raster unter Einbeziehen neuer theoretischer Aspekte beständig modifiziert. Nach Altmann und Lehfeldt hat die polythetische Klassifikation den Vorteil, daß sie bei ständigem Ausbau (Berücksichtigung von immer mehr Merkmalen, Anwendung des Rasters auf immer mehr Sprachen) immer allgemeingültiger und gleichzeitig stabiler wird. Dabei lassen sich in der taxonomischen Sprachtypologie auch divergierende Theorien vereinigen.

»Nie wird sich die Gültigkeit einer sprachtypologischen Theorie induktiv verifizieren lassen, da es in der Wirklichkeit Sprachklassen nicht gibt und da die mathematische Klassifizierungsprozedur selbst nur auf deduktivem Wege verifiziert werden kann. Die typologische Theorie kann sich lediglich bewähren, und zwar dadurch, daß sie sich als fähig erweist, die natürlichen Sprachen der Welt auf geeignete Weise zu ordnen und den latenten Bau der menschlichen Sprache zu enthüllen. Sie befriedigt das menschliche Verlangen nach Wissen und Ordnung. Aber man muß sich darüber klar sein, daß wir niemals eine Sprachklasse direkt werden beobachten können, ganz gleich, wie weit sich die Sprachwissenschaft entwickeln mag. Dies gilt ebenso von dem Netz der Zusammenhänge, das auch latente Mechanismen enthält. Dieses von uns konstruierte Netz kann sich durch seine interne Prädiktivität bewähren. Falls es sich bewährt, sagt es uns mehr über den Bau der Sprache als die Beobachtung beliebiger einzelner Sprachen« (Altmann – Lehfeldt 1973. 51).

Prinzip 6: *Sprachtypologie und Sprachwandel*
Die aufgrund synchron-typologischer Sprachvergleichung erstellte Klassifikation kann mit Hinblick auf den Sprachwandel auch »dynamisch« interpretiert werden. Aussagen über Prozesse des Sprachwandels sowie über das Verhältnis zwischen verschiedenen Sprachstadien verlangen eine Theorie, die zwei grundsätzlichen Bedingungen genügen muß: 1. sie muß anhand des Beobachtungsmaterials aus vergangenen Prozessen des Sprachwandels verifizierbar sein, 2. sie muß prädiktiv sein, d. h. Voraussagen über zukünftige Prozesse des Sprachwandels machen können. Aussagen über den Sprachwandel sind Aussagen über Veränderungen von Merkmalkorrelationen (vgl. Bemerkungen zu Prinzip 4). Im Rahmen der numerischen Taxonomie lassen sich Veränderungen in den Werten der Skala ablesen (vgl. Altenglisch im Verhältnis zu Neuenglisch, Altgriechisch/Neugriechisch usw.). Die Analyse der Wandlungsprozesse einzelner Merkmalkorrelationen gibt Aufschluß über In-

tensität, Gleichrichtung sowie über Symmetrie bzw. Asymmetrie der Verschiebungen. Je mehr Sprachen aufgrund einer beständig größer werdenden Zahl von Merkmalen in eine polythetische Klassifikation aufgenommen werden, desto konsistenter werden die Hypothesen im Rahmen einer Theorie des Sprachwandels (= Interpretation eines engmaschigen Netzes von Merkmalkorrelationen). Grundlegend ist für Altmann und Lehfeldt die wichtige Zielsetzung, daß im multilateralen Sprachvergleich nicht einzelne Einheiten (Systemelemente) miteinander verglichen werden (vgl. /u/ im Phoneminventar der Sprachen A, B, C usw.), sondern daß sich die Klassifikation auf die Analyse des gesamten, des ganzen Systems der Sprachen stützt (Ganzsystemanalyse). Bei einem solchen Vorgehen bleibt das Postulat der relationalen Definiertheit von Einheiten erhalten, welches besagt, »daß alle Einheiten einer Sprache definiert sind durch die Relationen, in denen sie zu allen anderen Einheiten ihrer eigenen Ebene und denen aller anderen Ebenen stehen« (Altmann – Lehfeldt 1973. 69). Die Bezugseinheiten, die die Autoren für ihr Raster von Merkmalen zugrunde legen, sind der ›Satz‹ und das ›Wort‹:

»Der Satz ist in den ›normalen‹ Texten klar abgegrenzt und bei der Verwendung desselben Textes in vielen Sprachen graphisch segmentiert. Das Wort ist diejenige Einheit, in der sich die Komplementarität der sprachlichen Ebenen, so wie sie in Modellen erscheinen, am besten widerspiegelt. (. . .) Die einzige Lösung, die die wenigsten Probleme aufwirft, scheint die Verwendung der graphischen Grenzen bei der Segmentierung des Wortes zu sein« (Altmann – Lehfeldt 1973. 72).

Das von Altmann und Lehfeldt vorgestellte Raster von Merkmalen stellt nach eigenen Angaben nur einen Teil des umfangreichen Gesamtinventars dar, nach dem die Sprachen aufgrund ihrer Eigenschaften quantifiziert werden sollen. Bei den Erläuterungen handelt es sich um »*Beispiele* für die Quantifizierung von Sprachmerkmalen« (Altmann – Lehfeldt 1973. 73). Die ausgewählten Merkmale aus den Teilbereichen der Phonologie, Morphologie und Syntax sind folgendermaßen gruppiert (vgl. Altmann – Lehfeldt 1973. 73 ff.):

1. *Die phonologischen Eigenschaften:* 1.1. Die distinktiven Merkmale
   1.2. Effektivität 1.3. Vokalhaltigkeit 1.4. Entropie
   1.5. Phonemdistribution 1.6. Funktionelle Beziehungen
   1.7. Durchschnittliche Wortlänge.
2. *Die morphologischen Eigenschaften:* 2.1. Synthetismus
   2.2. Präfixation 2.3. Suffixation 2.4. Infixation 2.5. Flexion
   2.6. Agglutination 2.7. Morphologische Komplexität
   2.8. Derivation und Komposition 2.9. Andere Indizes (Vokalharmonie, Silben- und Morphemgrenzen, Homonymie, Artikelgebrauch).

3. *Die syntaktischen Eigenschaften:* 3.1. Satzlänge 3.2. Satztiefe
   3.3. Maße der Dependenzgrammatik (Dependenz, Zentralisiertheit, Satztiefe, Satzbreite).

Anmerkungen:
1.2. Die Effektivität eines Phonemsystems ist eine Bezugsgröße, deren Maß sich aus dem Verhältnis »der minimalen Anzahl von Merkmalen zu der beobachteten« (Altmann – Lehfeldt 1973. 76) berechnen läßt.
1.4. »Die Entropie ist ein Erwartungswert einer Funktion der relativen Häufigkeit p_i der Phoneme« (Altmann – Lehfeldt 1973. 91). Ihr Maß, d. h. die Kenngröße der Phonemfrequenzen in ihrer ungleichmäßigen Verteilung, ist die sogenannte relative Entropie bzw. relative Redundanz.
1.5. Die Häufigkeit von Phonemverbindungen kann mit Hilfe der Distributionsprofile, eines von Altmann und Lehfeldt (1972) entwickelten und von Lehfeldt (1972) auf die slavischen Sprachen praktisch angewandten Verfahrens, ermittelt werden.
1.6. Während unter Distribution die Relationen von Einheiten eines einzigen Typs verstanden werden (Phonemverbindungen), geht es bei funktionellen Beziehungen um Relationen zwischen Einheiten verschiedener Typen (Position von *Phonemen* in der *Silbe*).
1.7. Die Wortlänge kann grundsätzlich nach drei Kriterien berechnet werden: Länge in (a) Phonemen, (b) Silben, (c) Morphemen.
2.7. Quantifiziert wird das Verhältnis von Morphemen, die durch verschiedene Morphe repräsentiert sind, zur Zahl aller Morpheme (eines untersuchten Textes). Entsprechend wird das Verhältnis von Wörtern mit Wurzelvariation zur Zahl aller Wörter quantifiziert.
2.9. Die quantifizierenden Verfahren beziehen sich hierbei auf das Verhältnis von Wörtern mit Vokalharmonie, mit Artikel und homonymen Wörtern zur Zahl aller Wörter (vgl. Altmann – Lehfeldt 1973. 112).
3.1. Die Satzlänge kann grundsätzlich als Anzahl der Wörter oder als Anzahl der Satzglieder (im Satzgefüge) gemessen werden.
3.2. Vorgeschlagen wird das Verfahren von Yngve (1960) zur Messung der Komplexität syntaktischer Strukturen. Ausgehend von der Voraussetzung, daß Sätze der natürlichen Sprachen nach den Regeln der Phrasenstrukturgrammatik aufgebaut sind, konzipiert Yngve das Modell eines Konstituentendiagramms, wonach Konstituenten höherer Ordnung sukzessive zu solchen niedrigerer Ordnung bis zu den terminalen Konstituenten erweitert werden. Vgl. S. 53 (Beispiel nach Altmann – Lehfeldt 1973. 115)[*].

Den Verzweigungen ist jeweils (von rechts nach links) eine Ziffer zugeordnet. Die Ziffern werden beim Durchlaufen des Diagramms addiert. Für das obige Beispiel ergibt sich damit eine maximale Satztiefe 3.

---

[*] Der Abdruck erfolgt mit freundlicher Genehmigung des W. Fink Verlages, München.

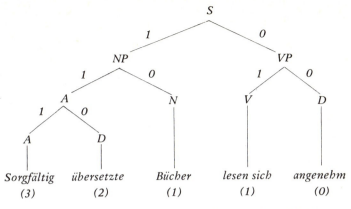

3.3. Im Gegensatz zur Satzbeschreibung auf der Basis einer Teil-Ganzes-Relation (vgl. 3.2.) geht die Dependenzgrammatik von einem hierarchischen Satzerzeugungsmodell aus, bei dem das Verb in Spitzenstellung steht (diese Annahme ist axiomatisch). Dem Verb als Hauptknoten sind weitere Knoten bis hin zu den Endknoten hierarchisch untergeordnet (zur Konzeption der Dependenz und zum Aufbau der Dependenzgrammatik vgl. Lewandowski 1973. 138 ff. mit ausführlichen bibliographischen Hinweisen). Vgl. folgenden Beispielsatz (nach Altmann – Lehfeldt 1973. 117)*:

1   2   3   4   5   6   7   8
Allgemein genügt bei direkt bedienter Kamera ein auf
9   10   11   12   13
dem Stativ aufgesetzter drehbarer Kino-Neigungsknopf.

Ebene

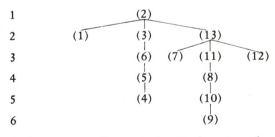

Die Knotenpaare stellen verschiedene Konfigurationen dar: vgl. (2,1), (2,13), (3,6), (5,4), (11,8), (8,10) usw. 1, 4, 9 und 12 sind Endknoten. Statistische Verfahren zur Messung bestimmter Konfigurationen (Dependenz-Kalkül)

---

* Der Abdruck erfolgt mit freundlicher Genehmigung des W. Fink Verlages, München.

wurden von Hays, Gaifman und Lecerf ausgearbeitet. Altmann und Lehfeldt (1973. 118 ff.) erläutern den Nutzen dieser Verfahren für die Quantifizierung in der Sprachtypologie.

Im Rahmen der vorliegenden Studie schien es mir wichtiger zu sein, die methodischen Prinzipien sowie das Inventar der Merkmale als die einzelnen Verfahren der numerischen Taxonomie zu erläutern. Hinsichtlich weiterführender Informationen über die mathematischen Verfahren sowie ihre Anwendung auf ausgewählte Beispiele verweise ich auf die Arbeit von Altmann und Lehfeldt (1973). In ihrer Studie entwickeln die Autoren die Theorie einer allgemeinen Sprachtypologie und skizzieren den Rahmen ihrer Anwendung. Als wichtige Aufgaben für die Zukunft bleiben die Erweiterung des Merkmalinventars sowie die Klassifikation sprachlicher Ganzsysteme mit den Verfahren der numerischen Taxonomie. Grundsätzliche Bemerkungen der Autoren zu den Möglichkeiten der praktischen Anwendung der allgemeinen Sprachtypologie, die in der Einleitung stehen, lassen sich mit derselben Berechtigung als Ausblick interpretieren:

»Im Augenblick läßt sich eine allgemeine Sprachtypologie aus *praktischen* Gründen nicht aufbauen, weil dazu eine breit angelegte Zusammenarbeit von Linguisten, die das Material aus den Einzelsprachen für den Computer vorzubereiten hätten, erforderlich ist. Die Verfasser fühlen sich weder zeitlich noch kompetenzmäßig imstande, eine große Menge von Sprachen aus verschiedenen Sprachfamilien für taxonomische Zwecke zu bearbeiten. Die praktische Anwendung der dargestellten Theorie wird bis zu dem Zeitpunkt verschoben, bis sich eine genügend große Zahl von mitarbeitenden Gewährsleuten gefunden hat, die die Vorarbeiten durchführen werden« (Altmann – Lehfeldt 1973. 11 f.).

2.2. *Der idealtypische Ansatz in der Sprachklassifikation*

Schon Humboldt hatte sich gegen eine strenge klassifikatorische Einteilung der Sprachen ausgesprochen, wie sie A. W. Schlegel durchgeführt hat. In verschiedenen Zusammenhängen erläutert Humboldt seinen Standpunkt, daß es in den meisten Sprachen sowohl Tendenzen zur »Beugung« als auch solche zur »Anfügung« gäbe, ohne daß man von der einen Sprache als flektierend, von der anderen als agglutinierend sprechen könnte. Nach der Diskussion verschiedener Beispiele sagt er u. a.:

»Ich führe diese Fälle nur an, um zu beweisen, daß die Behauptung, welche gewissen Sprachen Anfügung und andren Beugung zuteilt, bei genauerem

Eindringen in die einzelnen Sprachen, und gründlicherer Kenntnis ihres Baues, von keiner Seite haltbar erscheint« (Humboldt 1822. 47).

Die Ablehnung einer strikten Trennung von beugendem und anfügendem Sprachtyp kommt auch deutlich in folgendem Zitat zum Ausdruck:

»In der ganzen Eintheilung der Sprachen in *anfügende* und *beugende* liegt aber etwas Willkührliches, das nicht davon getrennt werden kann. In keiner Sprache ist Alles Beugung, in keiner Alles Anfügung« (Humboldt 1827–29. 334 f.).

Indem Humboldt auf A. W. Schlegels Differenzierung von analytischen und synthetischen Sprachen eingeht, bemerkt er:

»Die Zusammenschmelzung in Eins läßt sich auch nur gradweise unterscheiden. Man kann nicht sagen, daß sie da sey, oder fehle, sie ist in gewissem Verstande immer vorhanden, nur mehr oder weniger innig. (...) Darum aber halte ich abscheidende Namen für nachtheilig, und habe mich, sowohl bei einer, übrigens der Schlegelschen ganz ähnlichen Eintheilung aller Sprachen, als hier bei der Absonderung der formlosen von den fester organischen nur solcher Umschreibungen bedient, welche sowohl den Unterschied, als den Uebergang der trennenden Gränzen in einander angeben« (Humboldt 1827–29. 317 f.).

Die Formulierung von Humboldt »abscheidende Namen« würde in moderner Terminologie als »klassifikatorische Begriffe« wiedergegeben werden können (vgl. Lehfeldt – Altmann 1975. 62). Über das Verhältnis von Flexion, Isolation sowie Einverleibung sagt Humboldt:

»Von allen drei Methoden finden sich in den meisten Sprachen einzelne, stärkere oder schwächere Spuren. (...) Als Beispiel des stärksten Vorwaltens jeder derselben lassen sich das Sanskrit, die Chinesische und, wie ich gleich ausführen werde, die Mexicanische Sprache aufstellen« (Humboldt 1830–35. 529 f.).

Die Einstellung Humboldts ließe sich durch weitere Zitate absichern, zur Illustration seines Standpunkts sollen die obigen genügen.
Lehfeldt und Altmann (1975. 61 ff.) schließen sich der Ansicht Coserius (1972b) an, daß Humboldts Spracheinteilung zu Unrecht als Klassifikation behandelt worden ist, indem man seinen Termini »flectirend«, »agglutinirend«, »einverleibend«, »isolirend« klassifikatorische Begriffsinhalte unterschiebt. Diese Art von Fehlinterpretation wird bis in die heutige Zeit tradiert (vgl. Roždestvenskij 1969, Horne 1966, Kuznecov 1960, Dressler 1967 u. a.). Coseriu und Altmann bringen zahlreiche Zitate und bibliographische Verweise

zur Geschichte der Fehlinterpretation von Humboldts Sprachtypologie.

»Man kann, etwas überspitzt, sagen, daß viele Interpreten der Humboldtschen Spracheinteilung hinter Humboldt herhinken. Seine fruchtbaren, von der Klassifikation fortführenden Gedanken haben kaum Widerhall gefunden« (Lehfeldt – Altmann 1975. 68).

Gerade Humboldts eigene Ausführungen über die Willkürlichkeit einer strengen Einteilung sowie über die verschiedenen Tendenzen (»stärkere oder schwächere Spuren«, u. ä.), die in einer einzigen Sprache ausgeprägt sind, lassen seine Spracheinteilung deutlich als Gruppierung von Extremtypen erscheinen, denen man die verschiedenen Sprachen je nach der am stärksten ausgeprägten Tendenz der Bildeweise (»Beispiel des stärksten Vorwaltens . . .«) zuordnen kann.

Skalička, der den extremtypischen Ansatz bei Humboldt nicht erkennt und in der Tradition der Fehlinterpretation der Humboldtschen Sprachtypologie steht, indem er seine Spracheinteilung als »klassifikatorische Methode der Typologie« (1966 b. 24) bezeichnet, schlägt denselben Weg ein wie Humboldt und gelangt zur Konzeption einer idealtypischen Theorie. Lehfeldt und Altmann (1975. 71 ff., 74 f.) sehen im idealtypischen Ansatz von Skalička eine direkte Weiterentwicklung der extremtypischen Konzeption bei Humboldt. Skaličkas »Idealtyp« ist ein theoretisches Konstrukt, das sich mit Wahrscheinlichkeit in reiner Form in keiner natürlichen Sprache nachweisen läßt. Das Konstrukt repräsentiert eine auf empirischen Gesetzmäßigkeitshypothesen basierende extrem-ideale Merkmalkonstellation, die in den natürlichen Sprachen nicht belegt zu sein braucht; vgl.:

»In einem agglutinierenden Konstrukt gibt es nur eine Wurzel, von der die Wörter gebildet werden. Die wirklichen Sprachen gehen natürlich nicht so weit . . .« (Skalička 1966a. 158).

Ihre eigentliche Bedeutung würde die idealtypische Konzeption von Skalička wohl dadurch erhalten, daß sie als explanatorisches Schema Ausgangsbasis für quantifizierende Verfahren wäre.

»Eine vollständige Quantifizierung, wie sie Skalička selbst fordert (vgl. 1966b), würde diesem System einen hohen explanativen und prädiktiven Wert verleihen, und die Vergrößerung der Zahl der Merkmale über die von Skalička ausgewählten sieben (1966a) bzw. sieben bis sechzehn (1966b) hinaus würde zu einer auf Gesetzen beruhenden Sprachtheorie führen, wie sie bisher nicht existiert« (Lehfeldt – Altmann 1975. 71).

Die Merkmalkonstellationen der von Skalička konzipierten Idealtypen sollen im folgenden zusammengestellt werden, u. zw. in ihrer am weitesten entwickelten Differenzierung (d. h. nach Skalička 1966 b. 29f.).

A. *Der agglutinierende Typ:* 1) starke Kontrastierung von Wurzel- und Hilfselementen; 2) schwache Kontrastierung von wortbildenden Elementen und Endungen; 3) schwache Kontrastierung der Redeteile; 4) geringe Anzahl von Formwörtern (Postpositionen, Konjunktionen, Pronomina); 5) geringe Anzahl von Kongruenzphänomenen; 6) stark gebundene Wortfolge; 7) große Anzahl von wortbildenden Elementen; 8) geringe Anzahl von zusammengesetzten Wörtern (Komposita); 9) Fehlen von Synonymie und Homonymie bei den grammatischen Elementen; 10) schwache Ausprägung von Satzgefügen (wenig Nebensätze); 11) klare Ausprägung der Kategorie des Wortes; 12) syntaktische Normalstruktur: Subjekt – Objekt – Verb; 13) zahlreiche nominale Verbalformen (Partizipien, Infinitive); 14) große Anzahl von Konsonantenphonemen.
In einer inneren Wechselbeziehung zueinander stehen folgende Merkmale: 1 und 2, 2 und 3, 1 und 4, 1 und 7, 1 und 9, 2 und 9; einen Isomorphismus stellt die Relation zwischen 5 und 9 dar, die Merkmale 5 und 6, 1 und 4 sowie 7 und 8 kompensieren sich.

B. *Der flektierende Typ:* 1) starke Kontrastierung von Wurzel- und Hilfselementen; 2) deutlich ausgeprägte Kontrastierung von wortbildenden Elementen und Endungen; 3) starke Kontrastierung der Redeteile; 4) zahlreiche Formwörter; 5) stark ausgeprägte grammatische Kongruenz; 6) freie Wortfolge; 7) beschränkte Anzahl von wortbildenden Elementen; 8) geringe Anzahl von zusammengesetzten Wörtern (Komposita); 9) stark ausgeprägte Synonymie bei den grammatischen Elementen; 10) Existenz des grammatischen Geschlechts und von Nominalklassen (Substantivklassen); 11) Existenz von nominalen und verbalen Flexionsklassen; 12) klare Ausprägung der Kategorie des Wortes; 13) klare Ausprägung von Satzgefügen; 14) die Wortfolge im Satz: Subjekt – Prädikat – Objekt; 15) zahlreiche Nebensätze; 16) große Anzahl von Vokalphonemen.

C. *Der isolierende Typ:* 1) deutliche Unterscheidung von Wurzel- und Hilfselementen; 2) starke Kontrastierung von wortbildenden Elementen und Endungen; 3) die Gesamtheit der beiden ersten Eigenschaften setzt eine dritte voraus: die relative Kürze des Wortes; 4) schwache Unterscheidung der Redeteile (Existenz der sogenannten »Konversion«); 5) Gebrauch von Formwörtern anstelle von Endungen; 6) schwach ausgeprägte grammatische Kongruenz; 7) gebundene Wortfolge; 8) geringe Anzahl wortbildender Elemente; 9) geringe Anzahl zusammengesetzter Wörter (Komposita); 10) schwach ausgeprägte Synonymie und Homonymie bei den grammatischen Elementen; 11) keine sehr deutliche Ausprägung des Wortes als sprachliche Einheit; 12) deutlich ausgeprägter Satz (Satzgefüge); 13) Wortfolge: Subjekt – Prädikat – Objekt; 14) häufiger Gebrauch von Nebensätzen; 15) große Anzahl von Vokalphonemen.

Nach Skaličkas eigenen Angaben entspricht der obige Typ dem isolierenden bzw. analytischen Sprachtyp der traditionellen klassifikatorischen Typologie.

D. *Der polysynthetische Typ:* 1) schwache Differenzierung von Wurzel- und Hilfselementen; 2) Existenz langer Wörter; 3) Wurzeln anstelle von Endungen; 4) Verwendung von Wurzelmorphemen als Ableitungssuffixe; 5) Verwendung von Wurzelmorphemen als Formwörter; 6) schwache Differenzierung der Redeteile; 7) schwach ausgeprägte grammatische Kongruenz; 8) gebundene Wortfolge; 9) große Anzahl zusammengesetzter Wörter (Komposita); 10) Synonymie und Homonymie der Wurzeln (Basismorpheme); 11) schwache Ausprägung des Wortes (als sprachliche Einheit); 12) häufige Verwendung des Mittels der Inkorporierung; 13) Vorherrschen einfacher (kurzer) Morpheme.

Dieser Typ entspricht dem sogenannten isolierenden Typ (vgl. ostasiatische Sprachen) sowie dem inkorporierenden Typ der traditionellen Typologie.

E. *Der introflexive Typ:* 1) starke Kontrastierung von Wurzel- und Hilfselementen; 2) schwache Kontrastierung von wortbildenden Elementen und Endungen; 3) geringe Anzahl von Formwörtern; 4) geringe Anzahl zusammengesetzter Wörter; 5) Diskontinuität des Morphems (d. h. das Morphem kann seine Bedeutung dadurch verändern, daß es aufgespalten wird und zwischen seine Bestandteile ein oder mehrere Phoneme treten); 6) Wurzelmorpheme können im Rahmen der Wortbildung in ihrer inneren Struktur verändert werden; 7) grammatische Elemente treten inmitten des Wurzelmorphems auf.

»Wie gesagt, werden diese Typen in den natürlichen Sprachen nicht in einer reinen Form realisiert, schon deswegen, weil sie in mancher Dimension überhaupt nicht realisiert werden können. Bei der Beschreibung einer Sprache können wir einen Typus als Dominante feststellen, so z. B. im Ungarischen herrscht die agglutinierende Dominante, im Lateinischen und in den slavischen Sprachen die flektierende Dominante, im Englischen und Französischen die isolierende Dominante usw. In jeder dieser Sprache kommen aber auch Merkmale der anderen Typen vor« (Skalička 1968. 4).

Skaličkas typologische Konstrukte weisen Merkmalkonstellationen auf, die nur bedingt dem Anspruch einer Ganzsystemanalyse Rechnung tragen. Wenn auch die Preisgabe der traditionellen klassifikatorischen Typen zugunsten exponierter Idealtypen ein unbestrittener Vorteil ist, bleibt zu beanstanden, daß Merkmale aus dem phonologischen Teilsystem entweder nur ungenügend (vgl. Position 14 zu Typ A, Position 16 zu Typ B, Position 15 zu Typ C) oder gar nicht berücksichtigt werden (vgl. die Merkmalkonstellationen der Typen D und E ohne Positionen für Merkmale des phonologischen Teilsystems). Wenn man die Ganzsystemanalyse als polythetische Klassifikation, die von Teilsystemen als monothetische Klassifikation bezeichnet, kann man Skaličkas Konzeption der Idealtypen nach ihrer Merkmalkonstellation durchaus als nachträglich in die traditionellen monothetischen Typen eingebaute »polythetisierende Schlußfolgerungen« (Altmann – Lehfeldt 1973. 34) bezeichnen. Der Idealtyp ist in erster Linie durch morphologische Eigenschaften geprägt, die syntaktischen sind sekundär. Eine Erweiterung der Merkmalkonstellationen betrifft daher primär das phonologische System, in zweiter Linie die syntaktischen Eigenschaften. Die von Altmann und Lehfeldt vorgeschlagene Konstellation ist diesbezüglich ausgewogener und trägt dem Anspruch einer Ganzsystemanalyse Rechnung (vgl. 2.1.).

Ein wesentlicher Mangel der Merkmalkonstellationen bei Skalička (und auch bei Altmann/Lehfeldt, vgl. 2.1.) ist die fehlende interne Differenzierung der Merkmalkomplexe im morphologischen Teilsystem. Ein Beispiel soll diese Bemerkung illustrieren. Wenn Skalička das Englische und das Französische nebeneinanderstellt als Sprachen mit isolierender Dominante, so ist diese Feststellung aufgrund der Merkmalkonstellation seines isolierenden Typs ebenso falsch wie richtig. Die Feststellung ist richtig, wenn man das Nominalsystem des Englischen mit dem des Französischen vergleicht, sie ist falsch, wenn man den Vergleich am Verbalsystem beider Sprachen orientiert. Zweifellos zeigt das Englische auch hier die isolierende Dominante, nicht aber das Französische, dessen Verbsystem (nach der Typologie von Skalička) im Gegenteil eine klare flektierende Dominante aufweist. Eine Differenzierung der morphologischen Teilsysteme (wie ich sie im Verlauf der vorliegenden Studie wiederholt hervorhebe, vgl. Kap. 3, 4) ist ein wesentliches Kriterium bei der Aufstellung von Merkmalkonstellationen (vgl. 2.3.). In vielen Sprachen (z. B. Spanisch, Kymrisch, Albanisch, Bulgarisch usw.) zeigt sich, daß die morphologischen Eigenschaften nicht insgesamt entweder durch die eine oder andere Dominante bestimmt werden, sondern daß das Nominalsystem eine Dominante, das Verbalsystem eine andere Dominante kennzeichnet.

Ein Nachteil der Idealtypologie von Skalička besteht auch darin, daß keine Hinweise für die operationale Durchführung einer Quantifizierung nach den angegebenen Merkmalkonstellationen gegeben werden. In dieser Hinsicht sind die Ansätze im Rahmen der numerischen Taxonomie bei Altmann und Lehfeldt (vgl. 2.1.) wesentlich weiter fortgeschritten als das theoretische Modell von Skalička.

2.3. Ansätze zur Analyse von Ganzsystemen
(Integrierende Gesamtbeschreibung von Teilsystemen)

Eine Typologie der Ganzsysteme europäischer Sprachen läßt sich zweckmäßigerweise über den Weg der Typologie ihrer Teilsysteme erreichen. Schwierigkeitsgrad und Komplexität des multilateralen Sprachvergleichs werden sukzessive größer, wenn man den Weg von der Analyse einer Einzelkategorie über die Analyse ihrer Einbettung im Teilsystem zur Analyse des Ganzsystems der betreffenden Sprache geht. Methodisch ist es nicht unerheblich, sich darüber klarzuwerden, ob man von einem theoretischen Modell des Ganzsystems einer Sprache ausgeht und dies praktisch anwendet, oder ob man die Analyse des Ganzsystems als Integration der Analysen von Teilsystemen auffaßt. Die hier angesprochene Frage nach dem Ausgangspunkt der Untersuchung in bezug auf ihren Zielpunkt betrifft die Differenzierung von Induktion und Deduktion bzw. induktiver und deduktiver Methode. Beim derzeitigen Erkenntnisstand der Linguistik muß man davon ausgehen, daß es keine allgemeine Sprachtheorie gibt, die es erlauben würde, das Konzept eines Modells des Ganzsystems einer Sprache zu erstellen. Die Linguistik arbeitet mit Teiltheorien, eine vollständige Sprachtheorie fehlt bislang. Selbst viele Teiltheorien, die Voraussetzung für die Konzeption einer vollständigen Sprachtheorie sind, sind noch unvollständig. Es gibt beispielsweise noch keine vollständige Teiltheorie wie die Grammatik irgendeiner Sprache. Die Sprachtypologie hat als linguistische Teildisziplin dasselbe Ziel wie die allgemeine Sprachwissenschaft und muß sich denselben methodischen Zwängen wie diese unterwerfen, nämlich den Weg von den Teiltheorien zur allgemeinen Sprachtheorie zu gehen (vgl. zum Standort der Sprachtypologie in der Sprachtheorie 1.1.). Unter den obigen Voraussetzungen entspricht das in diesem Abschnitt vorgestellte Modell eines Merkmalrasters bestenfalls einem Ansatz zu einer systematischen strukturtypischen Beschreibung des Ganzsystems einer Sprache. Als Ansatz bietet dieses Rastermodell meines Erachtens einige methodische Vorteile.

Ein bedeutender methodischer Vorteil für die praktische Anwendung dieses Grundrasters liegt in seiner Differenziertheit. Mit insgesamt 54 Merkmalkomplexen, die sich ihrerseits in mehr als 110 Einzelmerkmale (bzw. Eigenschaften) untergliedern, ist das Raster weitaus differenzierter und engmaschiger als bisherige Modelle (vgl. 2.1., 2.2. usw.). Weiterhin halte ich es methodisch für unbedingt erforderlich, im Raster die Differenzierung des morphologischen Teilsystems kenntlich zu machen (vgl. $Systemteil_1$ = Nominalsystem, $Systemteil_2$ = Pronominalsystem, $Systemteil_3$ = Verbalsystem). Diese Differenzierung ist notwendig, um Pauschalurteile über den Grad des Synthetismus in verschiedenen verglichenen Sprachen zu vermeiden. Der Grad des Synthetismus ist in den morphologischen Systemteilen durchaus unterschiedlich. Eine Sprache kann daher nicht bezüglich des Synthetismus des gesamten morphologischen Teilsystems, sondern zutreffenderweise nur der morphologischen Systemteile klassifiziert werden (vgl. Position 2.6. des Rasters). Das Bulgarische zeigt beispielsweise weder ausschließlich analytische Tendenzen noch ausschließlich synthetische Tendenzen. Das Nominalsystem zeigt ausschließlich analytische Ausdrucksweise, das Verbalsystem ist durch einen hochgradigen Synthetismus charakterisiert. Weitere Argumente zur Differenzierung des morphologischen Teilsystems finden sich in Kap. 1 (Abschnitt 2), außerdem in Kap. 4 (Abschnitte 2 und 3). Notwendig erscheint mir eine weitergehende Differenzierung der Kategorien bei den verbalen Merkmalkomplexen (vgl. Positionen 2.19.1. ff.), die bislang vernachlässigt wurde (Argumente in 3.2.). Einen anderen Vorteil hat das vorliegende Grundraster mit anderen Analysemodellen gemeinsam, u. zw. die Tatsache, daß die mit Hilfe des Rasters ermittelten Analyseergebnisse quantifiziert werden können. Außer den Rasterpositionen, die ohnehin auf quantifizierte Aussagen ausgerichtet sind (vgl. Positionen 1.4.–1.8., 1.11., 1.12., 2.3., 2.5., 2.6., 3.10.2.), kann das für die anderen Positionen analysierte Material mit Hilfe operationeller Verfahren größtenteils auch quantifiziert werden. Dieses Raster entspricht damit hinsichtlich der Möglichkeiten, die Analyseergebnisse zu quantifizieren, qualitativ den in 2.1. und 2.2. vorgestellten Analysemodellen.

Aufgrund der internen Differenzierung der Rasterpositionen in den Teilsystemen kann die Analyse im multilateralen Vergleich keine derart geradlinige Tendenzen in der Struktur verglichener Sprachen aufdecken, wie sie zur Identifizierung von Idealtypen (bzw. idealtypischen Konstrukten) nach der Konzeption von Skalička (vgl. 2.2.) notwendig wären. Dies hängt in erster Linie mit dem Anspruch auf Ganzheitlichkeit der Analyse zusammen. Denn die idealtypischen Konstrukte Skaličkas sind nur denkbar, wenn – wie Skalička dies auch tut – der Klassifikation nach morphologischen Eigenschaften (d. h. nach Merkmalen des morphologischen Teilsystems) Priorität eingeräumt wird. Dies widerspricht dem theoretischen Anspruch an die Vollständigkeit einer Ganzsystemanalyse, wobei keinem Teilsystem Prioritäten im Rahmen einer Klassifikation eingeräumt werden dürfen. Entsprechend diesen Anforderungen werden die Ergebnisse als Integration von Aussagen über Eigenschaften sämtlicher Teilsysteme verwertet. Eine Typenskala im Sinne Skaličkas ist nicht denkbar, weil sie auf einer (methodisch nicht begründbaren) Gewichtung von Merkmalen in einem speziellen Teilsystem basiert. Der multilaterale Vergleich wird mit dem vorliegenden Raster eine Skala von n Typen ergeben, wobei sich einzelne Sprachen aufgrund ihres relativen Abstands voneinander klassifizieren lassen (vgl. 1.3.). Die Annahme von n Typen (im Gegensatz zu einer fest begrenzten Anzahl idealtypischer Konstrukte) entspricht auch dem Erwartungshorizont von Altmann und Lehfeldt, deren Konzeption einer Ganzsystemanalyse ebenfalls keine teilsystematischen Prioritäten für eine generelle Klassifikation vorsieht (vgl. 2.1., Prinzip 4). Die Vermeidung teilsystematischer Prioritäten ist nicht nur als eines von mehreren möglichen methodischen Prinzipien einer generellen Klassifikation zu bewerten, sondern als das einzig mögliche, wenn man an die zu erstellende Klassifikation die Anforderung stellt, daß ihre Ergebnisse gleichzeitig den Konstruktionsmechanismus der verglichenen Sprachen transparent machen sollen. Dies ist nur im Rahmen einer prioritätslosen Ganzsystemanalyse denkbar.

Zur Demonstration der erwähnten methodischen Vorteile hatte ich ursprünglich vorgesehen, das Raster für die Ganzsystemanalyse von drei (strukturtypisch recht verschiedenartigen) Sprachen (Deutsch, Französisch, Finnisch) anzuwenden. In Anbetracht des Umfangs des multilateralen Vergleichs werden die Ausarbeitungen an anderer Stelle veröffentlicht. Auf den folgenden Seiten wird das *Rastermodell* veranschaulicht.

1. Phonologische (bzw. morphonologische) Eigenschaften
   1.1. Phoneminventar   1.2. Verhältnis von Vokal- zu Konsonantenphonemen   1.3. Distinktive Merkmale   1.4. Effektivität   1.5. Entropie   1.6. Phonemkombinatorik   1.7. Phonemdistribution   1.8. Phonemfrequenz (Tonsilbe; Nebentonsilbe)   1.9. Silbenstruktur   1.10. Systemzwänge der Silbenstruktur (Vokalharmonie; Umlaut)   1.11. Silbenstrukturfrequenz   1.12. Wortlänge (Anzahl der Phoneme; Anzahl der Silben)   1.13. Phonembeschränkungen (Wortanlaut; Wortinlaut; Wortauslaut)   1.14. Systemhafte Allomorphie$_1$ (Eigenschaft der Wortphonologie: Allomorphie des Wortinlauts)   1.15. Systemhafte Allomorphie$_2$ (Eigenschaft der Syntagmaphonologie: Allomorphie des Wortanlauts und Wortauslauts)   1.16. Stabilität der Wortgrenzen im Syntagma (Wortanlaut; Wortauslaut)   1.17. Akzentverhältnisse* (Tonverlaufkorrelation; Tonstellenkorrelation; Tonstufenkorrelation)   1.18. Lautwechsel mit phonematischer Funktion (Ablaut; andere Lautwechsel)   1.19. Intonationstypen (Eigenschaft der Syntagmaphonologie); vgl. 3.15.

2. Morphologische Eigenschaften
   2.1. Morphemstruktur   2.2. Morphemkombinatorik   2.3. Morphologische Komplexität   2.4. Wortbildungspotential (Suffigierung; Präfigierung; Infigierung; Zusammensetzung)   2.5. Produktivität und Fre-

---

* Die Angaben beziehen sich jeweils auf den Wortakzent unter phonologischen Gesichtspunkten

quenz der Formantien 2.6. Grad des Synthetismus in den Systemteilen des morphologischen Teilsystems 2.7. Wortarten
*Systemteil*₁ (Nominalsystem): 2.8. Grammatische Korrelationen (Genusopposition; Numerusopposition; andere Oppositionen, z. B. Bestimmtheits-, Belebtheitskorrelation, u. a.) 2.9. Stammtypen (Nomen; Adjektiv) 2.10. Flexionstypen (Flexionsklassen) (Nomen; Adjektiv) 2.11. Synthetische Kasusbeziehungen 2.12. Charakteristika der Komparation (Stufen der Komparation; Suppletivformen; Status des Vergleichsobjekts)
*Systemteil*₂ (Pronominalsystem): 2.13. Grammatische Korrelationen (Genusopposition; Numerusopposition; andere Oppositionen, z. B. Bestimmtheits-, Belebtheitskorrelation, u. a.) 2.14. Stammtypen (Personalpronomen; Possessivpronomen; Demonstrativpronomen; andere Pronomen) 2.15. Flexionstypen (Flexionsklassen) (Personalpronomen; Possessivpronomen; Demonstrativpronomen; andere Pronomen)
*Systemteil*₃ (Verbalsystem): 2.16. Charakteristik des Aktionsverbs 2.17. Charakteristik des Zustandsverbs 2.18. Grammatische Korrelationen (Genusopposition; Numerusopposition; andere Oppositionen) 2.19. Funktionale Korrelationen (Tempus; Aspekt; Aktionsart; Modalität; Modus) 2.20. Stammtypen 2.21. Flexionstypen (Flexionsklassen) 2.22. Struktur des Tempussystems (synthetische Kategorien; analytisch-periphrastische Kategorien) 2.23. Diathese (vgl. 3.14.)
3. Syntaktische Eigenschaften*
3.1. Satzstrukturen (einfacher Satz; gefügter Satz [Satzgefüge]; Maße der Dependenzgrammatik [Dependenz, Satztiefe, Zentralisiertheit, u. a.]) 3.2. Allgemeine syntagmatische Relationen (Position der Elemente S, V und O im Satz) 3.3. Spezielle syntagmatische Relationen (Wortstellung [Prinzip Regens-Rectum bzw. Rectum-Regens]; Position nominaler Beziehungselemente [Präposition bzw. Postposition]; Kopula) 3.4. Syntax des nominalen Prädikats 3.5. Konstruktionsvarianten subjektloser Sätze 3.6. Position der Determinanten (Adjektiv; Adverb; Artikel; Pronomen, d. h. Personal-, Possessivpronomen, u. a.) 3.7. Grammatische Kongruenz der Determinanten (Adjektiv [attributives Adjektiv; prädikatives Adjektiv]; Artikel; Pronomen [Personal-, Possessivpronomen, u. a.]) 3.8. Position des Objektpronomens (betontes Objektpronomen; unbetontes Objektpronomen) 3.9. Syntax des Objektpronomens (betontes Objektpronomen; unbetontes Objektpronomen) 3.10. Syntax der Partikel (Verwendung [obligatorisch, fakultativ, pleonastisch]; Frequenz im Satz) 3.11. Syntax der Affirmation 3.12. Syntax der Negation 3.13. Charakteristik des Negationsverbs 3.14. Diathese des Verbs (aktiv; passiv; andere Diathesen, z. B. Medium, Ergativ, u. a.) 3.15. Intonationstypen.

---

* Die Angaben zu den syntaktischen Eigenschaften, die im multilateralen Sprachvergleich verglichen werden, beziehen sich jeweils auf den *stilistisch neutralen* Satz (vgl. nähere Erläuterungen zu diesem Kriterium in 4.2.3.)

Aufbau und innere Gliederung des Rasters bedürfen keiner weiteren Erläuterung. Der Leser, dem der inhaltliche Bezug verschiedener Positionen zu den Eigenschaften der betreffenden sprachlichen Teilsysteme nicht deutlich wird, kann sich diesbezüglich schnell orientieren. Verschiedene Positionen wurden bereits in den Anmerkungen zum Raster von Altmann und Lehfeldt in 2.1. erläutert (vgl. 1.4. Effektivität, 1.5. Entropie, 2.3. Morphologische Komplexität usw.). Das obige Rastermuster lag als Basis der Analyse des Sprachmaterials zugrunde, das in den folgenden Kapiteln (vgl. 3 und 4) auswahlweise ausgewertet wurde. Die meisten Eigenschaften, auf die sich die Positionen des Rasters beziehen, sind in den genannten Kapiteln veranschaulicht worden. Im folgenden stelle ich die Querverweise für einige speziellere Positionen zusammen:

1.6. (vgl. 4.1.)	2.2. (vgl. 4.2.2.)	3.4. (vgl. 4.2.3.)
1.10. (vgl. 4.2.1.)	2.8. (vgl. 4.2.2.)	3.7. (vgl. 3.4.)
1.14. (vgl. 4.2.1.)	2.10. (vgl. 3.1.)	3.11. (vgl. 4.2.3.)
1.15. (vgl. 4.2.1.)	2.13. (vgl. 4.2.2.)	3.12. (vgl. 4.2.3.)
1.16. (vgl. 4.2.1.)	2.16./2.17. (vgl. 4.2.2.)	3.13. (vgl. 4.2.3.)
1.17. (vgl. 4.2.1.)	2.19. (vgl. 3.2.)	

3. Typologie der Teilsysteme europäischer Sprachen

Typologien sprachlicher Teilsysteme stellen ein spezielles Gebiet der Typologie dar. Studienobjekt der Teiltypologien sind Teilsysteme (phonologisches, morphologisches, syntaktisches Teilsystem), die auf ihre Strukturtypik bzw. auf die funktional-oppositionellen Relationen zwischen ihren Einheiten (d. h. den das Teilsystem konstituierenden Systemkategorien) hin analysiert werden. Die Teiltypologie kann als systematische charakterologische Beschreibung eines bzw. mehrerer Teilsysteme einer Sprache oder als kontrastive Analyse im multilateralen Sprachvergleich durchgeführt werden.
Orientiert am Ideal einer Ganzsystemanalyse (vgl. Kap. 2) könnte man Teiltypologien »als ›Nebenprodukt‹, als mechanische Konsequenz aus der allgemeinen Sprachtypologie ableiten« (Altmann – Lehfeldt 1973. 15). Nach der Ansicht beider Autoren entsprechen Teiltypologien ebensowenig wie charakterologische Analysen oder Vergleiche der Grundforderung der allgemeinen Sprachtypologie, den Konstruktionsmechanismus der Sprachen aufzudecken:

»Alle diese Arten des Typologisierens stellen zwar eine berechtigte und wünschenswerte wissenschaftliche Tätigkeit dar, jedoch bleibt es das Hauptziel der Typologie, die *Zusammenhänge* zwischen den Sprachphänomenen zu erforschen (Skalička), alle latenten Mechanismen der Sprache, alle verborgenen und unterschwelligen Kräfte, die in der Sprache wirken, aufzudecken, m. a. W., die ganze Dynamik der Sprache, die sich mit den deterministischen Methoden der beschreibenden Linguistik allein nicht erfassen läßt« (Altmann – Lehfeldt 1973. 15).

Die Auffassung, man könne das Funktionieren von Sprache nur dann transparent machen, wenn das Ganzsystem analysiert wird, findet ihren theoretischen Rückhalt in der vielfach als Dogma vertretenen strukturalistischen These von der absoluten gegenseitigen Abhängigkeit der Einzelteile des Ganzsystems. Vgl. hierzu einige Passagen aus den Werken von Gabelentz und Saussure:

»Denn die Sprache ist ebensowenig eine Sammlung von Wörtern und Formen, wie der organische Körper eine Sammlung von Gliedern und Organen ist. Beide sind in jeder Phase ihres Lebens (relativ) vollkommene Systeme, nur von sich selbst abhängig; alle ihre Theile stehen in Wechselwirkung und jede ihrer Lebensäußerungen entspringt aus dieser Wechselwirkung« (Gabelentz 1901 = 1969. 8f.).
»Jede Sprache ist ein System, dessen sämtliche Theile organisch zusammenhängen und zusammenwirken. Man ahnt, keiner dieser Theile dürfte fehlen

oder anders sein, ohne daß das Ganze verändert würde« (Gabelentz 1901 = 1969. 481).

»Denn die Sprache ist ein System von bloßen Werten, das von nichts anderem als dem augenblicklichen Zustand seiner Glieder bestimmt wird. (. . .) Nun aber ist kein anderes System so verwickelt wie die Sprache, und nirgends sonst sind die im Spiel begriffenen Geltungen oder Werte mit so vollkommener Genauigkeit festgesetzt, nirgends sonst besteht eine so große Anzahl und eine solche Verschiedenheit der Glieder in einer ebenso strengen gegenseitigen Abhängigkeit voneinander« (CLG 95).

»Die Sprache ist ein System, dessen Teile in ihrer synchronischen Wechselbeziehung betrachtet werden können und müssen. (. . .) Die Umgestaltungen vollziehen sich niemals am System als Ganzem, sondern an einem oder dem andern seiner Elemente, und können nur außerhalb desselben untersucht werden. Allerdings hat jede Umgestaltung ihre Rückwirkung auf das System; (. . .) (CLG 103).

Zwei Gründe sprechen meines Erachtens dagegen, Teiltypologien als bloßes Nebenprodukt einer allgemeinen Sprachtypologie anzusehen und damit ihren Wert für Erkenntnisse über das Funktionieren der Sprachen zu unterschätzen. Es ist dies einerseits ein sprachtheoretischer, andererseits ein arbeitstechnischer Grund. Bei dem berechtigten (ebenso wie notwendigen) Bemühen darum, eine umfassende Analyse des Ganzsystems einer Sprache bzw. von Sprachen im Vergleich zu erreichen, darf man empirische Erkenntnisse über den Grad der gegenseitigen Abhängigkeit zwischen Einzelelementen in Einzelteilen des Systems bzw. zwischen Teilsystemen nicht außer acht lassen. Eine absolute (bzw. absolut gleichartige) oder strenge Abhängigkeit aller Einzelteile voneinander, wie es Gabelentz und Saussure formulierten, läßt sich nur unter der Voraussetzung postulieren, die Sprache sei ein vom Individuum unabhängiger Organismus (These von der *Außer*individualität der Sprache) und ein in sich geschlossenes homogenes System (These von der Homogenität des Systems), d. h. »ein System, das nur seine eigene Ordnung zuläßt« (CLG 27). Der Trugschluß, die Sprache existiere außerhalb des Individuums, konnte widerlegt und der *inter*individuelle Charakter der Sprache nachgewiesen werden (vgl. Coseriu 1958 = 1969, 1974). Daß das Sprachsystem nicht homogen ist, steht inzwischen fest (die Annahme von der Homogenität entspricht einer Modellvorstellung), möglicherweise ist der Grad der Inhomogenität sprachspezifisch verschieden (vgl. 1.2.). Die Formulierungen von Gabelentz und Saussure über die Wechselbeziehungen der Einzelteile des Systems deuten auf ein theoretisches Konstrukt.

Die paradigmatischen Strukturen lassen deutlich erkennen, daß Einzelelemente (Systemkategorien) innerhalb der Einzelteile (Teilsysteme) in einer sehr strengen funktional-oppositionellen Abhängigkeit voneinander existieren. Im morphologischen Teilsystem sind die verschiedenen Systemteile (Nominalsystem, Pronominalsystem, Verbalsystem) in Form einer Abhängigkeit voneinander eingebettet, die graduell geringer ist als zwischen den paradigmatischen Einzelelementen eines dieser Systemteile, die graduell größer ist als die wechselwirksame Abhängigkeit etwa zwischen dem phonologischen und morphologischen Teilsystem (vgl. 1.2., 2.3., 4.2.2.). Beobachtungen zum Strukturwandel eignen sich für die Argumentation in besonderem Maße, denn auch Saussure veranschaulicht seinen Standpunkt mit Argumenten aus diesem Bereich.

Im Verlauf der Sprachgeschichte hat das Nominalsystem des Bulgarischen einen vollständigen Strukturwandel von hochgradigem Synthetismus zu ausschließlich analytischer Ausdrucksweise durchgemacht. Parallel zu dieser Entwicklung ist dagegen das Verbalsystem in seinem hochgradigen Synthetismus intakt geblieben (vgl. Näheres bei Haarmann 1976 a. 83 ff.). Nach streng strukturalistischer Auffassung würde man bei einer derart tiefgreifenden Umstrukturierung, wie sie im bulgarischen Nominalsystem stattgefunden hat, eine deutlich erkennbare Auswirkung auf die anderen Systemteile erwarten müssen. Dies ist jedoch nicht der Fall. Als anderes Beispiel sei das Maltesische genannt. Im Nominalsystem lassen sich tiefgreifende Einflüsse des Italienischen (hauptsächlich des sizilianischen Dialekts) feststellen. Mit Bezug auf das Nominalsystem ist die Charakterisierung des Maltesischen als Mischsprache durchaus berechtigt. Völlig unzutreffend ist eine solche Aussage, wollte man sie auf das ganze morphologische Teilsystem beziehen. Das Verbalsystem als morphologischer Systemteil ist in seiner semitischen Grundstruktur vollständig intakt und ohne Fremdeinflüsse geblieben. Die obigen Feststellungen zum Bulgarischen und Maltesischen illustrieren die Relativität der Abhängigkeiten. Mit Hinblick auf die graduellen Unterschiede der Abhängigkeit könnte man von einer relativen Autonomie der Teilsysteme im Rahmen des Ganzsystems sprechen, in das sie eingebettet sind. Innerhalb der Teilsysteme stehen allerdings die Einzelelemente in strenger Abhängigkeit und Wechselbeziehung (vgl. Vorschläge für eine graduelle Differenzierung bei Haarmann 1976a. 31 f.). Auch das Beispiel des Strukturwandels vom Altenglischen zum Neuenglischen widerspricht nicht der Auffassung von der relativen Autonomie der Teilsysteme. Bekanntlich hat das Englische eine starke Umwandlung seiner grammatischen Struktur von überwiegend synthetischer zu fast vollständiger analytischer Ausdrucksweise durchgemacht. Dieser Strukturwandel betrifft alle Teilsysteme. Das Neuenglische kennt nur Reste von Flexionssystemen (vgl. Dirven u. a. 1976. 100):

Nomen	{ Pluralmorphem: *dogs, hats, dishes, oxen, mice* Possessivmorphem: *John's, cat's*
Verb	{ Kongruenzmorphem: (3.Ps.Sg.Präs.): *sleeps, rides* Präteritummorphem: *walked, went, put* Partizip-Präsens-Morphem: *walking* Partizip-Präteritum-Morphem: *seen, ridden, gone, put*
Adjektiv	{ Komparativmorphem: *slower, faster, better* Superlativmorphem: *slowest, fastest, best* Adverbialmorphem: *slowly, fast, well*

Im Unterschied zum Bulgarischen oder Maltesischen zeigt sich beim Englischen lediglich, daß alle Teilsysteme betroffen sein *können*, gerade das Postulat der relativen Autonomie von Teilsystemen besagt ja, daß dies nicht zwingend ist, d. h. allgemeingültig für jegliche Sprachentwicklung.
Der Teiltypologie kommt die wesentliche Aufgabe zu, das Zusammenwirken der Einzelteile in einem Teilsystem zu beschreiben, d. h. das Funktionieren eines Teilsystems transparent zu machen. Wenn man im Rahmen einer Teiltypologie in Rechnung stellt, daß man mit dem Funktionieren eines Teilsystems *einige* Prinzipien des gesamten Mechanismus kennt (daß man also nur Aussagen über das betreffende Teilsystem, nicht aber über die untersuchte Sprache als ganze machen kann), wenn man auf der anderen Seite das Ideal einer Ganzsystemanalyse dabei nicht aus den Augen verliert, leistet die Teiltypologie Dienste, auf die die Typologie der Ganzsysteme als Integration der Typologien der Teilsysteme nicht verzichten kann. Damit ist bereits der arbeitstechnische Grund angesprochen. Der derzeitige Erkenntnisstand in der Linguistik sowie die Entwicklungsmöglichkeiten der Arbeitskapazitäten in der Zukunft lassen als einzige praktikable Alternative bei der Lösung des Problems, jemals eine Typologie sprachlicher Ganzsysteme zu erreichen, die Integration von Erkenntnissen aus Teiltypologien zu. Eine Ganztypologie ist demnach nur als Integration von Teiltypologien denkbar (vgl. 2.3.). Nach den obigen Bemerkungen zur relativen Autonomie von Teilsystemen scheint mir diese Alternative kein arbeitstechnischer Zwang als vielmehr ein Faktor mit dem Wert eines methodischen Prinzips zu sein. Auf diesem Hintergrund erhält die Teiltypologie als spezielles Gebiet der Typologie ein entscheidendes Gewicht. Die obige Argumentation beinhaltet ebenso, daß es unmöglich ist, einem Teilsystem einer Sprache den Vorrang über andere Teilsysteme einzuräumen, indem man es als »charakteristisch« bzw. als »repräsentativ« für das Ganzsystem einstuft. Eine solche Präjudizierung ist unzulässig.

Die Typisierung natürlicher Sprachen mittels klassifikatorischer Begriffe wie agglutinierend, flektierend, isolierend, polysynthetisch usw., wie sie in einer Vielzahl von Typenkonstellationen im 19. und 20. Jahrhundert entstanden sind (vgl. 1.1., Horne 1966, Lohmann 1975), findet ihren Rückhalt in Teiltypologien. Die Konzentration auf die morphologischen Eigenschaften (syntaktische Implikationen werden teilweise nachträglich »eingebaut«) und der Verzicht auf die Analyse anderer sprachlicher Teilsysteme kennzeichnet diese Klassifikationen als kaschierte Teiltypologien. Diese Teiltypologien sind wohl in ihrem klassifikatorischen Stellenwert am weitesten bei Finck (1909) und Sapir (1921) ausgereift. Finck sieht acht Haupttypen vor, u. zw.

(1) wurzelisolierende Sprachen (z. B. Chinesisch)
(2) stammisolierende Sprachen (z. B. Englisch)
(3) subordinierende bzw. unterordnende Sprachen (z. B. Türkisch)
(4) anreihende Sprachen (z. B. Subiya/Bantusprache)
(5) wurzelflektierende Sprachen (z. B. Arabisch)
(6) stammflektierende Sprachen (z. B. Griechisch)
(7) gruppenflektierende Sprachen (z. B. Georgisch)
(8) inkorporierende Sprachen (z. B. Grönländisch)

Wagner (1959. 244) wendet zu Recht ein, daß Finck seine Typologie auf Beobachtungen an »exzessiven Sprachen« stützt, so daß die Zuordnung von weniger extremen Strukturtypen große Schwierigkeiten bereitet (vgl. auch die Kritik bei Dressler 1967. 470f.). Sapir (1921. 128 ff.) konzipiert eine Typenskala von 16 Klassen, die sich aber aufgrund von festen Kombinationen verschiedener Klassen auf insgesamt vier Klassen reduzieren; u. zw.

(1) I, IV   einfach reine Beziehungssprachen
(2) I, IV, II   kombiniert reine Beziehungssprachen
(3) I, IV, III   einfach gemischte Beziehungssprachen
(4) I, IV, II, III   kombiniert gemischte Beziehungssprachen

Hier wendet Hjelmslev (1968. 109) ein, daß die Typologie von Sapir ein »äußerst kompliziertes« bzw. »umständliches Schema« sei. Für Finck wie für Sapir gilt der Einwand von Lehfeldt und Altmann (1975. 68 ff., speziell zu Sapir), daß die methodische Grundfrage ungeklärt bleibt, ob die vorgeschlagenen Typen den Gegebenheiten der natürlichen Sprachen entsprechen, oder ob diese als theoretische Konstrukte im Sinne von Idealtypen (wie beispielsweise bei Skalička, vgl. 2.2.) zu gelten haben, die nicht unbedingt konkret nachweisbar sein müssen. Sowohl Finck als auch Sapir präjudizieren insofern, als sie die morphologischen Eigenschaften der Sprachen un-

begründet als charakteristisch ansehen, und diese deshalb stellvertretend für alle Spracheigenschaften untersuchen.
Erkenntnisse über bestimmte Sachverhalte, die sich als Beobachtungen im Rahmen eines typologischen Reihenvergleichs ergeben, können durch quantifizierende Methoden in ihrer Aussagekraft verstärkt werden. Das Messen (d. h. die Anwendung statistischer Verfahren) stellt im Bereich der Sozialwissenschaften, den auf Messungen angewiesenen induktiven Erfahrungswissenschaften, eine besondere Problematik dar (vgl. Kreppner 1975). Im Rahmen der allgemeinen Sprachtypologie (vgl. Altmann – Lehfeldt 1973) nehmen ebenso wie in der Linguistik überhaupt (vgl. Alexejew – Kalinin – Piotrowski 1973) quantifizierende Methoden einen inzwischen erheblichen Raum ein. Wie nützlich die Absicherung von Beobachtungen über die grammatische Struktur von Sprachen durch Messungen und die Verwertbarkeit der Ergebnisse in Form von Meßgrößen sein kann, demonstriert exemplarisch die quantitative Analyse des Nominalsystems (d. h. der grammatischen Korrelationen der Nomina und Adjektive) in romanischen Sprachen (vgl. Manoliu–Manea 1970). Diese Studie macht deutlich, daß bestimmte Erkenntnisse über die nominalen Flexionstypen erst in Form von Aussagen über ihre Produktivität und Frequenz verwertbar sind. Methodischer Ansatz, Empirie und Anwendung der genannten Studie sollten ursprünglich vorgestellt werden, aus Platzgründen mußte diese Diskussion ausfallen.

3.1. Die Typisierung von Teilsystemen: Die Verbsysteme europäischer Sprachen

Trotz des Nutzens, den eine Intensivierung quantifizierender Methoden auch in der Sprachtypologie zu versprechen scheint (vgl. 2.1.), darf nicht vergessen werden, daß es auch weiterhin viele Fragen gibt, deren Diskussion auf die Anwendung statistischer Verfahren verzichten muß, weil die betreffenden Probleme ihrer Natur nach nicht mit Hilfe von Meßverfahren einer Lösung näher gebracht werden können. Eine solche Fragestellung soll im folgenden behandelt werden, nämlich die Teiltypologie der Verbsysteme europäischer Sprachen nach ihren grammatisch-deiktischen Korrelationen (vgl. *Tempus, Aspekt, Aktionsart, Modalität* als grammatische Kategorien in ihrer Kapazität, Verbsysteme zu strukturieren).
Die Verbsysteme der Sprachen Europas lassen sich nach der Oppositionsbildung ihrer grammatisch-deiktischen Vektoren in folgende Typen klassifizieren:

3.1.1. Verbsysteme mit grammatisiertem *Tempus*

In allen Sprachen Europas werden mit Hilfe der Kategorien des Verbsystems Tempusrelationen zum Ausdruck gebracht. Dies besagt, daß in allen Verbsystemen grammatische Kategorien aufgrund spezifischer Zeitstufenindikationen zueinander in Opposition stehen. Das Tempus in grammatisierter Ausprägung ist eine Universalie mit Bezug auf das europäische Sprachendiagramm (Europem, vgl. 4.1.). Die obige Feststellung besagt zwar, daß grundsätzlich in allen Sprachen Tempuskategorien in Opposition zueinander stehen, dies bedeutet aber nicht, daß in allen Sprachen ausschließlich die Zeitstufendifferenzierung allein oppositionsbildend, d. h. grammatisiert ist (vgl. 3.1.2.ff.). Die Feststellung, daß die Grammatizität des Tempus ein Europem darstellt, bezieht sich – dies muß einschränkend angemerkt werden – nur auf neuzeitliche Sprachzustände. Was ältere, vor allem vorhistorische Sprachzustände anbelangt, geht man sowohl bei den indogermanischen als auch bei den türkischen Sprachen davon aus, daß die Genese von Tempuskategorien von einer ursprünglichen Aspekt- und Aktionsartenopposition im Verbsystem ihren Ausgang nimmt. Für die Rekonstruktion dieser ursprünglichen Aspektopposition des Indogermanischen verweist man allgemein auf die Funktionen des augmentlosen Aorists im Altgriechischen und nimmt an, daß der augmentlose Aorist die Grundform des indogermanischen Verbs sei:

»Es waren diess [u. zw. die auch als Injunktive bezeichneten augmentlosen Aoristformen] zwar schon reine Verbalformen; aber sie bezeichneten nur die Verbindung einer Tätigkeit mit einer Person, ohne Rücksicht auf Tempus und Modus. Sie konnten also je nach Umständen eine gegenwärtige Handlung, eine vergangene oder eine postulierte (Konjunktiv, Imperativ nebst Futurum) ausdrücken« (Thurneysen 1885. 173).

Die Verarbeitung von Sprachmaterial älterer und neuerer indogermanischer Sprachen nach strukturalistischer (vgl. Kuryłowicz 1964) und generativ-transformationeller Methode (vgl. Kiparsky 1968) bestätigten die älteren Aussagen. Für die Entwicklung der indogermanischen Sprachen gilt ebenso wie für die der Turksprachen (vgl. Menges 1968), daß das grammatisierte Tempus im Verbsystem nicht primär, sondern erst sekundär oppositionsbildend ist.

Sprachen, deren verbale Kategorien allein aufgrund von Tempusindikationen in Opposition zueinander stehen, sind in Europa durchaus nicht die Regel, sondern sie stellen nur einen Typ neben verschiedenen anderen dar (s. u.). Es wäre für die vorliegende Gruppierung der Verbsysteme unerheblich, wenn ich die Sprachen mit grammatisiertem Tempus nach ihrer Differenzierung der Zeitstufen klassifizieren wollte. Nach der Art und Weise, die Grundzeitstufen zu unterscheiden, lassen sich die hierher gehörenden Sprachen in zwei Gruppen einteilen, in

a) solche, die lediglich das gegenwärtige Geschehen (Präsens) vom vergangenen (Imperfekt) trennen;
b) solche, die eine dreigliedrige Differenzierung von Gegenwart (Präsens), Vergangenheit (Imperfekt) und Zukunft (Futur) kennen.

Zur ersten Gruppe gehört beispielsweise das Finnische, das (bezüglich der Grundzeitstufen) lediglich zwischen Präsens (vgl. *sanon* ›ich sage‹) und Imperfekt (vgl. *sanoin* ›ich sagte‹) unterscheidet. Selbstverständlich wird auch das zukünftige Geschehen bezeichnet; allerdings existiert im finnischen Verbsystem keine eigene Kategorie für den Ausdruck des Zukünftigen. Das Präsens ist als Präsens-Futur funktionell mehr belastet als die Kategorie Imperfekt. Aus dem Kontext läßt sich lediglich ermitteln, ob ein zukünftiges Geschehen gemeint ist oder nicht (vgl. Kontexte mit Zeitbezug auf die Zukunft). Zur zweiten Gruppe gehören beispielsweise das Deutsche und das Englische, die beide eine eigene grammatische Kategorie Futur ausgebildet haben. Die in beiden Sprachen noch im Mittelalter hauptsächlich als Modalformen verwendeten Konstruktionen mit konjugiertem Modalverb + Infinitiv haben in der Neuzeit ausschließlich temporal-deiktische Funktion entwickelt, die ehemaligen Modalformen sind als Tempuskategorien grammatisiert, modale Konnotationen sind fakultativ und kontextabhängig (vgl. 3.2.).

Gemeinsam ist den Sprachen mit ausschließlich grammatisiertem Tempus, daß ihre Verbsysteme nicht nur Kategorien zur Differenzierung der Grundzeitstufen (vgl. nach a: Präsens – Imperfekt, nach b: Präsens – Imperfekt – Futur) aufweisen, sondern (Ausnahme: Ungarisch) auch solche zur Bezeichnung einer Vorzeitigkeit (vgl. die Kategorien Perfekt und Plusquamperfekt im Finnischen, Deutschen, Englischen usw.). Beobachtungen an Sprachen, in denen sowohl Tempus als auch Aspekt (usw.) grammatisiert sind, bestärken den Eindruck, daß die Differenzierung der Zeitstufen in reinen Tempussystemen weiter entwickelt ist als in Systemen, in denen sich Tempus und Aspekt funktionell ergänzen bzw. die einzelnen Kategorien funktionell entlasten (vgl. 3.1.2.). Diese Beobachtung findet zwar häufig ihre Bestätigung, kann jedoch nicht als allgemeingültig angesehen werden.

3.1.2. Verbsysteme mit grammatisiertem *Tempus* und grammatisiertem *Aspekt* (Typ 1 und 2)

Außer der Darstellungsweise, ein Geschehen in seiner Zeitrelation zum Augenblick des Sprechens zu kennzeichnen (Darstellung eines Ereignisses als vergangen, gegenwärtig oder zukünftig), die in allen Sprachen Europas grammatisiert ist, kennen verschiedene Verbsysteme einen anderen funktionsdifferenzierenden Faktor, der nicht die Zeit*stufe,* sondern die Zeit*richtung* eines dargestellten Ereignisses kennzeichnet. Dieser Zeitrichtungsbezug in der Sprache (vgl. Koschmieder 1929 = 1971) betrifft den Ablauf eines Geschehens. Konkret wird in den Sprachen, in denen der Zeitrichtungsbezug grammatisiert ist, ein Ereignis nach seiner Abgeschlossenheit (Perfektivität) bzw. Nichtabgeschlossenheit (Imperfektivität) gekennzeichnet. In der grammatischen Literatur hat sich der Terminus *Aspekt* für die als Zeitrichtungsbezug beschreibbare Kategorie durchgesetzt. Im Rahmen des europäischen Sprachendiagramms begegnet man dem Phänomen Aspekt in der oben erwähnten dualen Opposition. Der Aspekt erscheint demnach als Aspektdualität in verschiedenen Verbsystemen, und diese Dualität basiert (mit der Ausnahme einer Sprache) jeweils auf der Grundopposition von
    Abgeschlossenheit/Vollendung (Perfektivität)
    versus
    Nichtabgeschlossenheit/Nichtvollendung (Imperfektivität).
Es gibt eine Anzahl von Sprachen, die außer dem grammatisierten Tempus auch den Aspekt in grammatisierter Ausprägung aufweisen, andererseits gibt es keine Sprache, die neben dem grammatisierten Aspekt *keine* Tempusoppositionen kennt. Dies besagt, daß der grammatisierte Aspekt nie allein in einer Verbform auftritt, sondern immer in Korrelation mit einem Tempus. In gewisser Weise kompensiert der Aspekt bestimmte Tempusrelationen (vgl. zum Futur im Russischen in 3.2.), er kann die Kategorie Tempus jedoch nie ersetzen. Ein Aspektsystem ist immer in ein Tempussystem integriert, wenn man daher vom Aspektsystem einer beliebigen Sprache spricht, besagt dies allein, daß es in dem betreffenden Verbsystem neben dem grammatisierten Tempus einen grammatisierten Aspekt gibt:

»The distinction between verbal systems based on the category of *tense,* cf. Latin and the modern West European languages, and systems where, as in Greek and in Slav. or in Semitic, the category of *aspect* is predominant, has for long been considered as an evident truism. This opinion, however, needs a modification. The pretended opposition *tense : aspect* corresponds neither to historical nor to contemporaneous facts. Tense, i. e. the grammatical distinction between the present, the past and the future, occurs in all the above-mentioned languages« (Kuryłowicz 1964. 90).

Der Aspekt tritt in seiner für europäische Sprachen charakteristischen Dualität von Perfektivität versus Imperfektivität (zum Vergleich von slavischem und semitischem Aspekt vgl. 3.1.2., Beispiel c) in zwei Korrelationsvarianten zu den Tempuskategorien auf. Einmal handelt es sich um Verbsysteme, die sowohl durch Tempus- als auch durch Aspektopposition strukturiert sind, zum anderen betrifft es Verbsysteme, deren Strukturierung auf grammatisierten Tempusoppositionen basiert, in denen jedoch eine rudimentäre Aspektopposition ausgeprägt ist (mit Bezug auf eine Unterklasse von Tempora).

a) Verbsysteme, die sowohl in Hinblick auf *Tempus*oppositionen als auch auf Aspektoppositionen (*Aspekt*$_1$) strukturiert sind:
Charakteristisch für die Verbsysteme slavischer Sprachen ist die Darstellung eines Geschehens sowohl bezüglich der Zeitstufe als auch hinsichtlich der Zeitrichtung (Abgeschlossenheit bzw. Nichtabgeschlossenheit). In allen Sprachen dieser Gruppe ist das Verbsystem individuell und unverwechselbar strukturiert. Was die Aspektdualität betrifft, gilt für alle Verbsysteme, daß ihre Strukturierung auf der aspektuellen Opposition von *perfektiv : imperfektiv* beruht. Ich gehe im folgenden auf das Russische als bekannteste slavische Sprache ein. Jede konjugierte Verbform drückt sowohl Tempus (Zeitstufe) als auch Aspekt (Zeitrichtung) aus. Das Tempussystem des Russischen mit seiner Differenzierung von Präsens, Präteritum und Futur zeigt für jede Zeitstufe zwei verschiedene Formen, die jeweils den perfektiven und imperfektiven Aspekt kennzeichnen. Schematisiert läßt sich die doppelte Strukturierung des russischen Verbsystems folgendermaßen veranschaulichen:

Aspekt Tempus	perfektiv	imperfektiv
Präsens	–	(A) *čitaet* ›er liest‹ (B) *berët* ›er nimmt‹
Präteritum	(A) *pročital* ›er las‹ (B) *vzjal* ›er nahm‹	(A) *čital* ›er las‹ (B) *bral* ›er nahm‹
Futur	(A) *pročitaet* ›er wird l.‹ (B) *vzjaet* ›er wird n.‹	(A) *budet čitat'* ›er wird l.‹ (B) *budet brat'* ›er wird n.‹

Die Beispiele verdeutlichen jeweils spezifische Verbformen. A kennzeichnet den Verbtyp, wo sich die Form des perfektiven Aspekts durch ein Präfix von der Form des imperfektiven Aspekts unterscheidet (vgl. *pro/čitat'* ›lesen [perf.]‹). Das Beispiel B veran-

schaulicht den Verbtyp, bei dem sich die Aspektdualität in unterschiedlichen Stämmen äußert (vgl. *brat'* ›nehmen [imperf.]‹ *vzjat'* ›nehmen [perf.]‹). Die Mehrzahl aller Verben des Russischen lassen sich dem Typ A zuordnen (vgl. Daum – Schenk 1966).
Die Nullposition (Tempus: Präsens/Aspekt: perfektiv) ist funktionell bedingt. Die Futurform des perfektiven Aspekts (vgl. *pročitaet, vzjaet*) weist formal die Flexionsendungen des Präsens auf. Die Formen des Präsens der perfektiven Verben sind bedeutungsmäßig Futurformen. Es liegt hier im Russischen ein Systemzwang vor, der sich als Kompensation der Zeitstufenindikation durch den Aspekt deuten läßt. Der perfektive Aspekt kennzeichnet die Vollständigkeit bzw. Abgeschlossenheit einer Handlung. Bei der Darstellung eines Geschehens in der Gegenwart kann der Abschluß einer Aktion naturgemäß nicht einbezogen werden, denn entweder ist die Handlung abgeschlossen (Vergangenheit), oder sie wird abgeschlossen werden (Zukunft), zum Augenblick des Sprechens kann die Aktion sich nur im Verlauf befinden. Da die Kennzeichnung der vergangenen (abgeschlossenen Handlung) formal eindeutig ist (Präteritalmorphem -*l*), bleibt für die Präsensformen des perfektiven Aspekts funktional nur das Futur als Zeitstufe übrig. Wie der Systemzwang im Russischen verdeutlicht, determiniert die Aspektfunktion die Tempusfunktion, die Aspektopposition ist eindeutig dominant (vgl. auch das Zitat von Kuryłowicz).
In den anderen slavischen Sprachen treten entsprechende Dominanzfigurationen in Form verschiedenartiger Interferenzen von Tempusindikationen und Aspektdualität auf (Horálek 1962. 216ff.).

b) Verbsysteme mit grammatisiertem *Tempus* und rudimentärer Aspektopposition (*Aspekt*$_1$):
Kennzeichnend für die Strukturierung der Verbsysteme romanischer Sprachen ist die Existenz verschiedener Vergangenheitstempora, die sich nicht hinsichtlich der bezeichneten Zeitstufe (temporaldeiktische Nullopposition), sondern bezüglich des Kriteriums der Abgeschlossenheit (bzw. Nichtabgeschlossenheit) der dargestellten Handlung in ihrem Gebrauch voneinander unterscheiden. Mit Ausnahme des Rumänischen, wo die betreffende aspektuelle Opposition der Vergangenheitstempora nur bruchstückhaft im 16. Jh. überliefert ist, kennen alle heutigen romanischen Sprachen die *a*temporale Opposition zweier Präteritalkategorien. Wenn auch die einzelnen Sprachen entsprechend ihren individuellen strukturtypischen Charakteristika in Paradigmatik und Syntagmatik eine jeweils spezifische Verwendung der Präteritalformen zeigen, beruht die aspektu-

elle Opposition (Darstellung einer vergangenen Handlung in ihrer Vollendung/Abgeschlossenheit bzw. Nichtvollendung/Nichtabgeschlossenheit) in jedem Verbsystem auf demselben Grundprinzip. Besonders komplex strukturiert ist diese Opposition im Französischen, wo in der geschriebenen Sprache andere Kategorien als Aspektpaare auftreten als in der gesprochenen Sprache; vgl.:

Schriftsprache
A *La guerre durait trente ans*
B *La guerre dura trente ans*

gesprochene Sprache
La guerre durait trente ans
La guerre a duré trente ans

Anm.: durait = Imperfekt (imparfait bzw. passé indéfini)
dura = Präteritum (passé simple bzw. passé défini)
a duré = Perfekt (passé composé)

Im Deutschen sind die Sätze jeweils als »Der Krieg dauerte dreißig Jahre« wiederzugeben, wobei die Imperfektformen (vgl. A) die Dauer ohne Berücksichtigung von Anfang und Ende bezeichnen (unvollendeter Aspekt), die Formen des passé simple (Schriftsprache) bzw. des passé composé (gesprochene Sprache) jeweils das Geschehen in seiner Gesamtheit (Anfang – Verlauf – Ende) darstellen (vollendeter Aspekt). In Schrift und Wort bilden demzufolge verschiedene Kategorien das Aspektpaar. Schematisch dargestellt ergibt sich folgende komplexe Struktur der Präteritalkategorien im Verbsystem:

	Schriftsprache Zeitstufe	Aspekt	gesprochene Sprache Zeitstufe	Aspekt
Imperfekt (imparfait)	Vergangenheit	unvollendet/ imperfektiv	Vergangenheit	unvollendet/ imperfektiv
Präteritum (passé simple)	Vergangenheit	vollendet/ perfektiv	O	O
Perfekt (passé composé)	Vorvergangenheit	neutral	Vergangenheit	vollendet/ perfektiv

In der gesprochenen Sprache besitzt das Perfekt im Französischen dementsprechend einen anderen funktionellen Wert als in der Schriftsprache. In der gesprochenen Sprache wird das Präteritum (passé simple) nicht verwendet, sein Gebrauch ist auf die Schriftsprache beschränkt.

Im Spanischen zum Vergleich stehen sich in der geschriebenen und gesprochenen Sprache dieselben Kategorien als Aspektpaar gegenüber, d. h. im Gegensatz zum Französischen ist das Präteritum auch in der Umgangssprache gebräuchlich. Das Aspektpaar wird durch

die Kategorien des Imperfekt und des Präteritum konstituiert; vgl.:
Imperfekt (imperfecto)
  trabajaba ›ich arbeitete (imperfektiver Aspekt)‹
Präteritum (pretérito)
  trabajé ›ich arbeitete (perfektiver Aspekt)‹
Perfekt (perfecto)
  he trabajado ›ich habe gearbeitet (perfektiver Aspekt)‹
Das Perfekt im Spanischen unterscheidet sich vom Präteritum durch seine andersartige Beziehung zum Augenblick des Sprechens (bzw. des Schreibens). Während beim Präteritum im Bewußtsein des Sprechers keine Beziehung zwischen dem vergangenen Geschehen und dem Zeitpunkt des Sprechens existiert, ist eine solche im Fall des Perfekt vorhanden; vgl.:
la semana pasada trabajé mucho
›letzte Woche habe ich viel gearbeitet‹
esta semana he trabajado mucho
›diese Woche habe ich viel gearbeitet‹
Die Aspektopposition in romanischen Sprachen ist nur bei den Tempora der Vergangenheit relevant (vgl. Klein 1974. 80ff.), durch sie wird jedoch nicht das gesamte Verbsystem strukturiert. Insofern kann man auch nicht vom Aspektsystem mit Bezug auf die romanischen Sprachen sprechen, sondern berechtigterweise von einem Tempussystem mit rudimentärer Aspektopposition, wobei die Aspektrelevanz auf eine Unterklasse der Präteritaltempora beschränkt ist.
Die Diskussion in der Romanistik über den Charakter der beiden Präteritaltempora mutet für den Außenstehenden verwirrend an. Ein Vergleich der Entwicklungstendenzen in der Forschungsgeschichte der Romanistik und der Slavistik deckt allerdings ähnliche Schwerpunkte der Argumentation und Schwächen in der Terminologiebildung auf. Die gleiche Verwirrung wie in der Slavistik (vgl. 3.1.3.) wurde in der Romanistik durch die Verwechslung der Kategorien Aspekt und Aktionsart hervorgerufen. Imbs (1960. 16, 170) bezeichnet die Opposition von imparfait und passé simple im Französischen als die eines aspect duratif und eines aspect ponctuel, wobei die Definitionen von duratif (durativ) und ponctuel (punktuell) eindeutig auf die Kategorie Aktionsart ausgerichtet sind. Weinrich (1964. 106ff., 150ff.) interpretiert die französischen Präteritaltempora im Rahmen seiner Tempus-Metaphorik als Erzähltempora mit deutlich unterschiedlicher Funktion:

»Das Imparfait ist in der Erzählung das *Tempus des Hintergrunds,* das Passé simple ist das *Tempus des Vordergrunds«* (Weinrich 1964. 159).

Der Gebrauch beider Tempora entsprechend dieser Distribution im Tempussystem dient nach Weinrich zur Reliefgebung im Erzählstil. Die Interpretation von Weinrich wurde von Pollak (1968) scharf abgelehnt, der die Aspektrelevanz in Anlehnung an die slavistische Aspektlehre als die oben erläuterte Opposition von imperfektivem und perfektivem Aspekt identifiziert. Damit setzt er eigene Stellungnahmen zu dieser Problematik fort (vgl. Pollak 1960) und schließt sich anderen früheren Arbeiten an (vgl. Heger 1963, usw.), die den gleichen Standpunkt vertreten. Weinrichs Ansatz blieb isoliert, Arbeiten aus den sechziger und siebziger Jahren setzen die Tradition fort, die funktionalen Unterschiede zwischen den französischen Präteritaltempora als Aspektopposition zu deuten (vgl. Šabršula 1969, Klein 1974, usw.).

c) Verbsysteme mit grammatisiertem *Tempus* und grammatisiertem *Aspekt$_2$*:

Das Verbsystem des Maltesischen ist ebenso wie das des Russischen durch eine Aspektopposition strukturiert. Die Form des sogenannten ›Perfekts‹ (vgl. *seraq* ›er stahl, bzw. hat gestohlen‹) unterscheidet sich von der Form des sogenannten ›Imperfekts‹ (vgl. *jisraq* ›er stiehlt, bzw. wird stehlen‹) nicht allein bezüglich der bezeichneten Zeitstufe, sondern auch hinsichtlich des Aspekts. Allerdings stellt die Aspektopposition im Maltesischen einen mit der russischen nicht vergleichbaren Typ dar. Das Verbsystem des Maltesischen ist durch die Opposition von *kursivem* und *stativem* Aspekt charakterisiert, es handelt sich hierbei um ein Isolationsphänomen in Europa. Zur Erläuterung dieser spezifischen Aspektopposition sind einige Bemerkungen zur strukturell-funktionalen Typik des Verbsystems semitischer Sprachen nötig, die auf das wichtigste beschränkt werden sollen.

Häufig wird auch das Semitische einbezogen in den Vergleich von Sprachsystemen mit Aspektopposition. Die Verbalsysteme des Akkadischen, Hebräischen oder Arabischen werden vergleichend neben die des Russischen, Griechischen oder Gotischen gestellt. Wenn auch im Falle des Slavischen, Griechischen und Gotischen ein direkter Vergleich möglich ist, so sind die Gegenüberstellungen mit dem Semitischen in der gleichen Weise leichtfertig – denn sie sind oberflächlich. Derartige Vergleiche setzen voraus, daß die oppositionsbildenden Aspekte in allen verglichenen Sprachen die gleichen Charakteristika aufweisen, und daß das Verbalsystem jeweils ähnlich strukturiert ist. Dies wurde in der früheren Forschung angenommen.

Koschmieder (1929 = 1971), dem es um die Herausarbeitung der

Funktionsunterschiede zwischen Tempus (›Zeitbezug‹) und Aspekt (›Zeitrichtungsbezug‹) geht, möchte die Differenzierung von semitischem Imperfekt (vgl. ar. *yaqtulu*) und Perfekt (vgl. ar. *qatala*) im Sinne der Aspektopposition ›unvollendet : vollendet‹ in slavischen Sprachen verstanden wissen. Diese Ansicht vertritt noch Kuryłowicz (1964).

Einen entscheidenden Durchbruch erzielte Rundgren (1963 u. a.), der in seinen Arbeiten auf die Besonderheiten des semitischen Verbsystems hinwies, die einen direkten strukturellen Vergleich mit dem slavischen Aspektsystem nicht gestatten. Eine wesentliche Neuerung in der Sichtweise ist hierbei die Berücksichtigung der Tatsache, daß man im Semitischen nicht wie im Indogermanischen grundsätzlich von der Darstellung eines Geschehens als Handlung oder Aktion (Vorgangsbeschreibung) ausgehen kann, sondern daß hier die Alternative besteht, einen Sachverhalt entweder als Vorgang oder als Zustand auszudrücken. Dieser fundamentale Unterschied in der verbalen Darstellungsweise bedingt auch den andersartigen Charakter der semitischen Aspekte. Es handelt sich nicht um die Kategorie des subjektiven Aspekts, wie er aus dem Slavischen bekannt ist. Ausgehend von den beiden Darstellungsarten eines verbalen Geschehens als Vorgang oder als Zustand läßt sich die im Semitischen auftretende Aspektkorrelation als die Opposition von Faktiv (Kursiv) und Stativ identifizieren (vgl. die Diskussion bei Haarmann 1971a. 217ff.).

Ähnlich wie in den indogermanischen Sprachen (vgl. 3.1.1.) hat sich auch im Semitischen der temporal-deiktische Vektor im Verbsystem erst im Verlauf der sprachhistorischen Entwicklung ausgeprägt. Ursprünglich ist das Verbsystem der semitischen Sprachen ausschließlich durch die Aspektopposition strukturiert. In der späteren Entwicklung prägen die Aspektpaare als Oppositionsglieder temporale Konnotationen aus, wobei folgende aspektuelle und temporale Konnotationen in Korrelation traten:

Aspektuelle Deixis	Temporale Deixis
Stativer (bzw. konstativer) Aspekt Zustandsform	Kennzeichnung der Vergangenheit Zeitstufe: Perfekt als Zustand
Kursiver Aspekt Vorgangs- bzw. Handlungsform	Kennzeichnung der Gegenwart (mit fließenden Übergängen zur Zukunft) Zeitstufe: Präsens/Futur (Imperfekt) als Vorgang

Ursprünglich war allein der Aspekt grammatisiert, die temporale Deixis ließ sich aus dem Kontext ermitteln; vgl.:

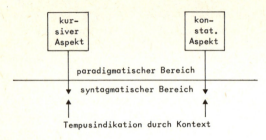

In den heutigen semitischen Sprachen (entsprechend im Maltesischen) ist die Kategorie Tempus ebenfalls grammatisiert. Schematisch dargestellt ergibt sich eine ähnliche Korrelation der aspektuell- und temporal-deiktischen Vektoren wie im Slavischen, wobei der Aspekttyp wohlgemerkt ein anderer ist; vgl.:

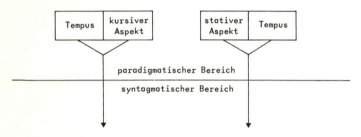

3.1.3. Verbsysteme mit grammatisiertem *Tempus* und grammatisierter *Aktionsart*

Die Grammatizität der Kategorie *Aspekt* in slavischen und anderen Sprachen ist seit längerer Zeit bekannt und nicht umstritten. Deutlich erkennbar ist die durch den Aspekt bedingte Strukturierung des Verbsystems (Paradigmatik) im Russischen (vgl. 2.a). Hinsichtlich des Phänomens *Aktionsart* besteht noch einige Unsicherheit, seine grammatische Ausprägung nachzuweisen. Als Definition findet man bei Lewandowski (1973. 24 f.) folgendes:

»Die Aktionsart ist eine semantische Kategorie des Verbs, die den verbalen Vorgang in seiner je besonderen Art und Weise charakterisiert (z. B. *erglänzen, schimmern, glühen, erlöschen, verlöschen* usw.); sie steht der Kategorie des Aspekts nahe, hat aber im Gegensatz zu dieser keine Paradigmatik ausgebildet und verbleibt auf lexikalisch-semantischer Ebene. Die Aktionsart bringt Verschiedenheiten zum Ausdruck, die nicht in der (subjektiven) Auffassung des Sprechenden bestehen (s. Aspekt), sondern durch die (objektive) lexikalische Bedeutung konstituiert werden. Aktionsarten gliedern die Verben nach semantischen Kriterien; Verben mit unterschiedlicher Aktionsart meinen unterschiedliche Handlungen/Vorgänge, während bei der Aspekt-Korrelation genau die gleiche Handlung bezeichnet wird.«

Während durch den Aspekt die Handlung in bezug auf ihre Gesamtheit (Ganzheit, Vollständigkeit) spezifiziert wird (abgeschlossen/vollendet/perfektiv : nicht abgeschlossen/unvollendet/imperfektiv), kennzeichnet die Aktionsart die Vorgangsquantität (z. B. ingressiv: den Anfang einer Aktion kennzeichnend, dt. *entbrennen,* iterativ: die Wiederholung eines Vorgangs kennzeichnend, dt. *streicheln,* habituell: die Handlung als Gewohnheit kennzeichnend, dt. *frequentieren,* resultativ: das Resultat, den Ausgang einer Handlung kennzeichnend, dt. *erkennen,* usw.). Obwohl die Darstellungsfunktionen bei Aspekt und Aktionsart ganz andersartig sind, wurden früher beide Kategorien miteinander verwechselt, vor allem bei den Indogermanisten mit Bezug auf die Verbsysteme des Griechischen und der slavischen Sprachen (vgl. Brugmann–Delbrück 1916, Wackernagel 1926 = 1950).

Die funktionelle Abgrenzung gegenüber der Kategorie des Aspekts bei Lewandowski ist zwar grundsätzlich korrekt, die Hervorhebung, die Aktionsart sei generell als lexikalisch-semantische Kategorie anzusehen, ist dagegen einseitig. Die Aktionsart wäre nach dieser Definition als nichtgrammatisches Phänomen einzuordnen und besäße nicht wie der Aspekt den Status einer grammatischen Kategorie. Um die Aktionsart als grammatische Kategorie zu identifizieren, muß man Antwort auf folgende Fragen suchen: Gibt es Verbsysteme, in denen (a) die Kategorie Aktionsart eine Paradigmatik ausgebildet hat, (b) durch die Aktionsart die gleiche Handlung von unterschiedlichen Blickwinkeln aus (und nicht wie auf lexikalisch-semantischer Ebene eine unterschiedliche Handlung) bezeichnet wird, (c) die Aktionsart unabhängig von der Verbbedeutung und vom Kontext auftritt?

In den romanischen Sprachen fällt die Antwort ebenso wie im Deutschen negativ aus (vgl. Klein 1974. 103 ff.), Gleiches gilt für die slavischen Sprachen (vgl. Horálek 1962. 216 ff.) und die meisten anderen Sprachen. Der »beschränkte« Korpus der Sprachen Europas bietet eine solche Vielfalt unterschiedlich strukturierter Verbsysteme, daß die Frage nach der Grammatizität der Kategorie Aktionsart eindeutig beantwortet werden kann. Die sogenannte Verlaufsform (progressive form) im Englischen, leider begrifflich allzu häufig mit der Kategorie Aspekt verwechselt und daher *aspect* genannt (vgl. Kritik bei Klein 1974. 76, 103 ff.), kennzeichnet die durative Aktionsart (Vorgangsquantität) und steht in funktionaler Opposition zu aktionsartmäßig neutralen Verbformen; vgl. Erläuterungen zur Opposition der Verbformen im Präsens:

Peter is living in Hamburg (present progressive/progressives Präsens)

»Der progressive Aspekt impliziert die Vorstellung einer Dauer oder einer als begrenzt angesehenen Zeitspanne« (Dirven–Radden 1976, 2.6.1.).

Peter lives in Hamburg (simple present/einfaches Präsens)

»Das einfache Präsens drückt demgegenüber eine zeitliche Vorstellung aus, in der eine Dauer fehlt oder irrelevant ist, oder in der keine Begrenzung impliziert ist« (Dirven–Radden 1976, 2.6.1.).

Auch die Verbsysteme verschiedener Turksprachen kennen die Aktionsart in grammatisierter Ausprägung. Für das Tatarische (ebenso für das Alttürkische) und verschiedene außereuropäische Turksprachen (vgl. Uzbekisch, Ujgurisch, Chakassisch usw.) ist die Aktionsart eine Systemeinheit mit oppositionsbildender Funktion im Verbsystem. Die obige dreigliedrige Fragestellung kann demnach bejaht werden. Zur Veranschaulichung der Oppositionsbildung, die durch die Bezeichnung der iterativen Aktionsart in grammatisierter Ausprägung hervorgerufen wird, gebe ich im folgenden eine Übersicht der tatarischen Präteritaltempora (zur Strukturierung des tatarischen Verbsystems vgl. nähere Einzelheiten bei Haarmann 1970a. 48f.):

Kategorie	Deixis Tempus	Modalität	Aktionsart
1.1.	Vergangenheit	(DE)	∅
1.2.	Vergangenheit	IE (resultativ)	∅
2.1.	Vergangenheit	(DE)	iterativ
2.2.	Vergangenheit	IE	iterativ
3.1.	Vorvergangenheit	(DE)	∅
3.2.	Vorvergangenheit	IE	∅ .
4.1.	Vorvergangenheit	(DE)	iterativ
4.2.	Vorvergangenheit	IE	iterativ
5.1.	Vergangenheit	(DE) + intentional	∅
5.2.	Vergangenheit	IE + intentional	∅

Abk.: IE = indirekte Erlebnisform (vgl. 3.1.4.)
DE = direkte Erlebnisform

Die Aktionsart hat als grammatische Kategorie im Tatarischen eine Paradigmatik ausgebildet. Die Präteritaltempora der Gruppe 2. stehen durch ihre Kennzeichnung der iterativen Aktionsart in Opposi-

tion zu denen der Gruppe 1., die hinsichtlich der bezeichneten Aktionsart neutral sind (vgl. ∅). Eine entsprechende Opposition besteht zwischen den Tempora der Gruppen 3. und 4.
Von der (seltenen) grammatischen Ausprägung der Aktionsart ist die nichtgrammatisierte Kennzeichnung der Art und Weise, wie eine Handlung vor sich geht, klar zu unterscheiden. Die Sprachen bedienen sich – je nach ihrer grammatischen Struktur – der unterschiedlichsten Mittel, Handlungsabläufe zu kennzeichnen. Im Deutschen dienen hierzu Präfixe, Suffixe oder periphrastische Konstruktionen; vgl.:
Ingressive Aktionsart
z. B. *anfangen zu* singen = *an*stimmen
Momentane Aktionsart
z. B. *einmal kurz* schreien = *auf*schreien
Iterative Aktionsart
z. B. *ab und zu* husten = hüste*l*n
In Sprachen wie dem Finnischen und Russischen steht ein reichhaltiges Inventar an wortbildenden Elementen zur Bezeichnung der verschiedensten Aktionsarten zur Verfügung. Im Russischen gibt es neben den Ableitungen aus produktiven Wortbildungsmustern eine nicht produktive lexikalisierte Ausprägung von Aktionsarten in Form der Verben, die im imperfektiven Aspekt ein Oppositionspaar bilden. Die Opposition basiert auf der Bestimmtheitskorrelation, das heißt, eine Handlung wird als bestimmt/determiniert bzw. als unbestimmt/indeterminiert dargestellt; vgl.:

Aspekt Aktionsart	imperfektiv	perfektiv
determiniert	*idti* ›gehen‹	*pojti* ›gehen‹
indeterminiert	*chodit'* ›gehen‹	–

Außer *idti (chodit'/pojti)* ›gehen‹ weisen noch dreizehn andere Verben Doppelformen im imperfektiven Aspekt auf, die unterschiedliche Aktionsarten kennzeichnen.
Bei den obigen Beispielen anhand der Wortbildungsmuster im Deutschen und Russischen handelt es sich wohlgemerkt immer um die Kennzeichnung der Aktionsarten mit lexikalischen Mitteln, nicht um eine grammatische Ausprägung wie im Tatarischen, wo die iterative Aktionsart als Deixis im Verbsystem fungiert.

3.1.4. Verbsysteme mit grammatisiertem *Tempus* und grammatisierter *Modalität*

Ein Satz wie ›gestern fand eine Mitgliederversammlung statt, auf der wichtige Beschlüsse über die zukünftige Arbeit der Organisation gefaßt wurden‹ kann in jede beliebige Sprache übersetzt werden. In allen modernen west- und mitteleuropäischen Idiomen, aber auch in vielen Sprachen Osteuropas stimmt die Übersetzung in ihrem Bedeutungs- und Informationsgehalt mit der deutschen Vorlage überein. Sehen wir uns den Informationswert des Satzes genauer an, so stellt sich heraus, daß eine wichtige Aussage über den situativen Kontext fehlt. Wir erfahren nichts über die Beziehung zwischen Sprecher und Handlung; man kann dem Satz nicht entnehmen, ob der Sprecher an der Versammlung teilgenommen hat – und demzufolge den Verlauf der Versammlung und ihre Ergebnisse aus eigener Erfahrung schildern kann –, oder ob er nicht dabei war, und seine Darstellung somit nur ein Bericht darüber aus zweiter Hand ist (mit einem entsprechenden Maß an Ungenauigkeiten und Abweichungen vom tatsächlichen Sachverhalt, da der Sprecher nur auf die subjektive Berichterstattung eines Augenzeugen Bezug nehmen kann). Die situativen Begleitumstände, die sich auf den Erlebnisbereich des Sprechers beziehen, kommen nur durch die gesamte Sprechsituation zum Ausdruck (z. B. in Form von Bemerkungen im Verlauf des Gesprächs, die dem Hörer Auskunft geben über den Sachverhalt).

Es gibt jedoch eine Reihe von Sprachen, die über eigene grammatische Mittel verfügen, den ambivalenten Bedeutungsgehalt des obigen Satzes zu spezifizieren, d. h. eindeutig zu machen. In diesen Sprachen steht eine grammatische Kategorie zur Bezeichnung der Nichtteilnahme des Sprechers am Geschehen in Opposition zu anderen Funktionsträgern, die die Beteiligung desjenigen kennzeichnen, der eine Aussage darüber macht.

Die Bezeichnung oder das Kenntlichmachen von etwas nicht Gesehenem oder nicht Augenscheinlichem ist der Ausdruck einer bestimmten Verhaltensweise des Sprechers im Kommunikationsprozeß, die begründet ist durch eine spezifische objektive Orientierung des betreffenden Individuums in seiner Umwelt. Wichtig ist nicht so sehr die Beteiligung des Sprechers bei seiner Aussage (in der Art einer subjektiven Orientierung: »meine Behauptung oder nicht«), sondern ein objektives Verhältnis zwischen Sprecher und Sachverhalt (»mein Erlebnis oder nicht«). Es bedeutet für den Hörer, daß ihm eine zusätzliche Information vermittelt wird, die etwas über den Erfahrungshorizont und den Erlebnisbereich des Sprechers aussagt. Man könnte hier von einer besonderen Informationsdimension sprechen, einer Möglichkeit der Reliefgebung im Kommunikationsprozeß, die in vielen Sprachen jedoch nicht ausgenutzt wird. Um den Kontext klar zu vermitteln, bedienen sich diese Sprachen, in denen der Ausdruck der Nichtaugenscheinlichkeit keine grammatische

Ausprägung erfahren hat, fakultativ lexikalisch-syntaktischer Mittel (z. B. Verwendung von Verben des Sagens, Appositionen usw.). Die Ausprägung des Phänomens als grammatische Kategorie bedeutet die Verflechtung der modalen Konnotation mit der temporalen Deixis einer bzw. mehrerer Kategorien zur Bezeichnung der Zeitstufen (Tempuskategorien). Die modale Konnotation des Nichtselbst-Erlebten haftet der Tempuskategorie nicht fakultativ-kontextabhängig an, sondern sie ist unverwechselbar und obligatorisch an die temporale Deixis gebunden. Es handelt sich demnach bei der betreffenden Tempuskategorie um eine Systemeinheit mit sowohl temporal-deiktischer als auch modal-deiktischer Funktion.
Indem die modale Konnotation sich als obligatorische Indikation im Verbsystem einer Sprache nachweisen läßt, weist sie sich als grammatisierte Modalität aus. In verschiedenen europäischen Sprachen ist die grammatisierte Modalität zur Kennzeichnung einer nicht selbst erlebten Handlung (= indirekte Erlebnisform bzw. Nacherzählform; zum Terminus vgl. Haarmann 1970a, 1971b) eine Systemeinheit. Als grammatisierte Modalität tritt die indirekte Erlebnisform häufig bei präteritalen Tempuskategorien auf. Im Verbsystem stehen Präteritalformen in Opposition zueinander, die sich funktionell nicht durch die bezeichnete Zeitstufe, sondern die spezifische Kennzeichnung einer modalen Konnotation voneinander unterscheiden; vgl. folgende syrjänische Formen:

Tempus \ Modalität	direkt erlebt	indirekt erlebt
Präteritum	*koris* ›er bat‹	*koröma* ›er soll gebeten haben/man sagt, er bat‹

Will man die Formen der indirekten Erlebnisform ins Deutsche oder in andere Sprachen übersetzen, in denen diese Modalität nicht grammatisiert ist, muß man auf lexikalisch-syntaktische Hilfsmittel zurückgreifen (s. o.).
Die typologischen Ansätze zur Entwicklung der Kategorie lassen sich gut in den Bedeutungsgrundlagen und Funktionen des Perfekts erkennen. Das Perfekt beinhaltet in den meisten Sprachen zwei Bedeutungskomponenten, eine zur Kennzeichnung des zeitlichen Abstandes zwischen dem Moment des Sprechens und dem Zeitpunkt der Handlung (Bezeichnung eines in der Vergangenheit abgeschlossenen Geschehens), und eine andere zum Ausdruck des Fortbestehens der Nachwirkungen bzw. des Ergebnisses einer vergangenen Aktion in der Gegenwart (Präsensbezug des Perfekts). Wie der Gebrauch der Perfektformen im Altgriechischen zeigt (vgl. Haarmann 1970a. 29ff.), entwickelt sich aus der zweiten Bedeutungskompo-

nente, dem Präsensbezug, die besondere resultative Funktion (Rückschluß auf eine vergangene Handlung aus deren Folgen, wobei in die Darstellung zumeist eine subjektive Wertung des in der Gegenwart objektiv vorliegenden Ergebnisses eingeschlossen ist). Die Entwicklung kann nun dahin gehen, daß die spezifische modale Schattierung der Nichtteilnahme des Darstellenden am von ihm rekonstruierten Geschehen in den Vordergrund tritt, und schließlich die ursprünglich modal nicht gebundene Verbkategorie bezüglich der bezeichneten Modalität festgelegt wird. So charakterisiert ist das Perfekt im Altindischen, das sich eindeutig vom Aorist dadurch abhebt, daß es eine Aktion bezeichnet, die der Sprecher nicht aus eigenem Erleben kennt (vgl. Haarmann 1970a. 31ff., 3.1.).

Die Verwendung der indirekten Erlebnisform in verschiedenen Sprachen offenbart folgende Grundfunktionen dieser grammatisierten Modalform (vgl. Haarmann 1970a. 84):

1. Die indirekte Erlebnisform als *Auditiv*. – Der Sprecher gibt ein Geschehen wieder, das er hört, jedoch nicht sieht (vgl. jurak. *mamononda* ›sie sagte, wie ich hörte‹);

2. Die indirekte Erlebnisform als *Referat*. – Der Sprecher kennzeichnet eine von ihm gemachte Aussage als Bericht. Er hat ein Ereignis nicht als Augenzeuge (und auch nicht als Ohrenzeuge wie im Falle des Auditivs) miterlebt und kennt das Geschehen nur aus der Erzählung anderer. Das Referat schließt die Wiedergabe von Gerüchten und fremden Behauptungen ein (vgl. neupers. *u xeyli harf (mi)zade* ›er soll viel gesprochen haben‹);

3. Die indirekte Erlebnisform als *Resultativ*. – Der Sprecher rekonstruiert die Handlung, an der er nicht selbst teilgenommen hat oder an die er sich nicht mehr erinnert, aus deren Folgen (vgl. türk. *gelmiş* ›er ist vermutlich gekommen‹);

4. Die indirekte Erlebnisform als *Subjektiv*. – Der Sprecher schließt in die Aussage, die als Zweitbericht gekennzeichnet ist, eine persönliche Stellungnahme und Beurteilung des Sachverhaltes ein (vgl. esk. *prima-kan'a* ›er hat ihm möglicherweise gesagt‹).

Als grammatisierte Modalität (Bindung einer spezifischen Konnotation an eine bzw. mehrere Tempuskategorien) ist die indirekte Erlebnisform Bestandteil des Verbsystems folgender europäischer Sprachen: Turksprachen (vgl. Gagausisch, Tatarisch, Baškirisch), Finnisch-ugrische Sprachen (vgl. Syrjänisch, Votjakisch, Čeremissisch). In verschiedenen Sprachen stehen nicht nur einzelne Tempuskategorien aufgrund unterschiedlicher Modalitätskennzeichnung zueinander in Opposition, sondern mehrere bzw. alle Tempuskategorien des betreffenden Verbsystems. In diesen Sprachen ist die indirekte Erlebnisform (mit eigenem, z. T. defektivem Tempussystem) als selbständiger Modus ausgeprägt und rangiert neben Indikativ, Konjunktiv u. a. Modi. In folgenden europäischen Sprachen ist die indirekte Erlebnisform ein Modus: Slavische Sprachen (Bulgarisch, Makedonisch), Baltische Sprachen (Lettisch, Litauisch), Finnisch-ugrische Sprachen (Estnisch, Livisch), Samojedische Sprache (Jurakisch), Mongolische Sprache (Kalmykisch). Die Interferenz deiktischer Funktionen zeigt im Tatarischen beispielsweise folgende komplexe Korrelation (vgl. die schematische Übersicht auf S. 82):

Tempus + Modalität + Aktionsart

Diese dreigliedrige Korrelation ist die komplexeste deiktische Interferenzstruktur im Rahmen des europäischen Sprachendiagramms. Die funktionalen Korrelationen in den Verbsystemen der europäischen Sprachen lassen sich in folgender Typenskala grammatisierter Vektoren darstellen:

1. Tempus
   vgl. Deutsch, Finnisch usw.
2. Tempus + Aspekt
   2.1. Tempus + Aspekt$_1$ (Opposition *imperfektiv/perfektiv*)
        vgl. Russisch, Tschechisch, Serbokroatisch usw.
   2.2. Tempus + Aspekt$_1$ (Unterklasse der Präteritaltempora)
        vgl. Französisch, Spanisch, Italienisch usw.
   2.3. Tempus + Aspekt$_2$ (Opposition *kursiv/stativ*)
        vgl. Maltesisch
3. Tempus + Aktionsart
   vgl. Englisch
   vgl. auch die Korrelation der deiktischen Vektoren im Untertyp 4.2.
4. Tempus + Modalität
   4.1. Tempus + Modalität
        vgl. Gagausisch, Votjakisch
   4.2. Tempus + Modalität + Aktionsart
        vgl. Syrjänisch, Tatarisch

Es wird von Nutzen sein, die obige Typenskala mit den Kriterien ihrer inneren Differenzierung als Parameter bei der Analyse außereuropäischer Sprachen anzulegen und gegebenenfalls weitere individuelle *Unter*typen zu identifizieren. Die obige Skala mit ihren vier *Haupt*typen dürfte dagegen ein Maximalinventar darstellen.

3.2. *Die Problematik der paradigmatischen Einbettung einzelner Systemkategorien im Teilsystem*

Im Rahmen der sprachtypologischen Forschung soll die Analyse von Teilsystemen einer Sprache (z. B. Verbsystem) folgendes leisten: sie soll die verschiedenen grammatischen Kategorien in ihren funktionellen Oppositionen identifizieren und dadurch die Systematizität transparent machen, die sich als Oppositionsmuster der betreffenden Kategorien im untersuchten Teilsystem darstellt. Daraus ergibt sich für das methodische Vorgehen zweierlei. Das Oppositionsmuster eines Teilsystems kann nur unter Berücksichtigung *aller* betreffender Kategorien erschlossen werden. Andererseits kann die (oppositionsbildende) Funktion *einer* Kategorie des Teilsystems in ihrer Opposition gegenüber allen anderen Kategorien nur im Rahmen des ganzen Teilsystems identifiziert werden. Diese Grundvoraussetzungen verdeutlichen, daß die nach außen streng und grundsätzlich wirkende Trennung der Kapitel über die Analyse von Teilsystemen (vgl. 3) und die von Einzelkategorien (vgl. 4) allein eine arbeitstechnische und keine methodisch begründbare ist. Anhand einiger Beispiele soll in diesem Abschnitt die Verflechtung von Aspekten der Teilsystem- und der Analyse von Einzelkategorien veranschaulicht und diskutiert werden, auf welche Weise die paradigmatische Einbettung einzelner Systemkategorien im Teilsystem transparent gemacht werden kann.

Der Ausdruck des Zukünftigen stellt sich im multilateralen Sprachvergleich als diejenige Kategorie im Verbsystem von Sprachen verschiedenen Typs heraus, die die größte formale und funktionelle Vielfalt aufweist. Anders formuliert bedeutet diese Feststellung, daß es in der Regel in jeder Einzelsprache mehr formale Ausdrucksweisen zur Kennzeichnung des zukünftigen Geschehens gibt als zur Bezeichnung jeder anderen Zeitstufe im Verbsystem der betreffenden Sprache. Existiert eine grammatische Kategorie zur Bezeichnung des Zukünftigen, so besitzt diese Kategorie im allgemeinen mehr Funktionen als alle anderen Verbkategorien des jeweiligen Systems. Eine weitere Besonderheit weist die Ausdrucksweisen zur Bezeichnung eines zukünftigen Geschehens als solche aus, die sowohl in nichtgrammatisierter als auch in grammatisierter Form in den Sprachen Europas vertreten sind. Die anderen Grundzeitstufen (Bezeichnung des Gegenwärtigen und des Vergangenen) werden in den Verbsystemen der europäischen Sprachen ohne Ausnahme durch grammatische Kategorien zum Ausdruck gebracht. Jede europäische (und außereuropäische) Sprache kann ein zukünftiges Geschehen kennzeichnen. Die einfachste Ausdrucksweise ist die Verwendung von Präsensformen in Verbindung mit Zeitadverbien (z. B. *morgen, später*, u. ä.), falls aus dem Kontext nicht ohnehin die Futurbedeutung der verwendeten Präsensformen hervorgeht. Doch ist das Futur nicht in allen europäischen Sprachen grammatisiert, d. h. integrierter Bestandteil des Verbsystems. Nicht grammatisiert sind Aus-

drucksweisen für das Zukünftige beispielsweise im Finnischen oder Estnischen, wo die Präsensformen der Verben in sekundärer Funktion in entsprechenden Kontexten ein zukünftiges Geschehen bezeichnen. Die genannten Sprachen kommen dementsprechend ohne eigene grammatische Kategorien aus und kennzeichnen ein in der Zukunft stattfindendes Ereignis mit Hilfe syntaktischer (vgl. Präsensformen in kontextgebundener Sekundärfunktion als Futurersatz) und lexikalischer (vgl. Verwendung von Adverbien und anderen Zeitbestimmungen) Mittel. In den meisten Sprachen gibt es ebenfalls die Möglichkeit, Zukünftiges mit Hilfe des Präsens auszudrücken, zusätzlich existieren im Verbsystem allerdings eigene grammatische Kategorien zur Kennzeichnung des Futurs.
Der Kategorie Futur haften – dies kann man für zahlreiche Sprachen feststellen – in verschiedenen Kontexten modale Konnotationen an. Eine Begründung für die Existenz vielfältiger kontextabhängiger modaler Konnotationen, die im Falle des Futurs auffällig häufig auftreten, läßt sich wohl nur in extralinguistischen Bereichen finden. Ausgehend von den noetischen Grundlagen der Zeitbeziehungen stellt man fest, daß der Zeitbereich der Gegenwart (grammatische Kategorie Präsens) sehr deutlich von anderen Zeitstufen zu trennen ist, die sich auf die Vergangenheit beziehen (grammatische Kategorien Imperfekt, Perfekt usw.). Im Gegensatz dazu ist wegen der spezifischen Kennzeichnung eines Geschehens in seinem Verlauf durch die Kategorie Präsens eine klare Abgrenzung gegenüber einem Geschehen, das noch stattfinden wird, nicht möglich (bezeichnet durch die Kategorie Futur). Die vom Präsens (Darstellung eines im Verlauf befindlichen, noch nicht abgeschlossenen Geschehens) und vom Futur (Darstellung eines noch stattfinden werdenden, zukünftig sich ereignenden Geschehens) bezeichneten Zeitbereiche überschneiden sich dort, wo die Darstellung der noch nicht abgeschlossenen Handlung auch deren Abschluß betrifft (der zeitlich logischerweise später als zum Zeitpunkt des Sprechens = Präsens erfolgt, also in den Bereich des Zukünftigen weist). Der Darstellung eines zukünftigen Geschehens haftete natürlicherweise mehr als bei einer Handlung im Verlauf oder einem vergangenen Geschehen modale Konnotationen aufgrund der emotionalen Beteiligung des Sprechers bei seiner Aussage an. Der Sprecher kann sich das zukünftige Geschehen wünschen (. . . wird hoffentlich stattfinden), er kann unsicher sein (. . . wird vielleicht, möglicherweise stattfinden), er kann es bezweifeln bzw. skeptisch betrachten (. . . wird kaum, schwerlich stattfinden), er kann davon überzeugt sein, daß das Ereignis eintritt (. . . wird sicherlich/muß stattfinden) usw. Kann man aufgrund des besonderen Charakters der bezeichneten Zeitstufe von der grammatischen Kate-

gorie Futur als Modalform sprechen, wie dies Kuryłowicz (1964), Rundgren (1959), Heger (1963) u. a. tun?
Diese Frage ist insofern berechtigt, als die Futurkategorien in fast allen Sprachen Europas in vielen Kontexten modale Konnotationen aufweisen. Auch im Deutschen ist dies der Fall, auch mit Bezug auf das Verbsystem des Deutschen stellte man die Frage nach dem besonderen Charakter des Futurs. Zur Veranschaulichung seien die Grundfunktionen der grammatischen Kategorie Futur I im Deutschen aufgezählt (nach Schmidt 1967. 222):

1. Ausdruck der Nachzeitigkeit
   vgl. *wir werden morgen darüber sprechen*
2. Ausdruck allgemeingültiger Sachverhalte
   vgl. *wer weiß, wo der Schatz vergraben liegt, der wird es nicht verraten*
3. Ausdruck modaler Nuancen
   3.1. Versicherung
      vgl. *wir werden es schon schaffen*
   3.2. Aufforderung
      vgl. *wirst du wohl ruhig sein*
   3.3. Vermutung
      vgl. *das wird schon richtig sein*

Weitere modale Konnotationen wurden oben im Text bereits genannt. Was den Charakter der Kategorie Futur im Deutschen anbelangt, so wurde die Frage (ob Modalform oder nicht) früher eindeutig dahingehend beantwortet, daß das Grundlegende der Futurbedeutung die Bezeichnung der Nachzeitigkeit bzw. des Zukünftigen ist, also das Futur im Deutschen eine temporale Kategorie ist:

»Die temporale Verwendung bleibt doch das, was dem Gebrauch aller Personen des Futurs I gemeinsam ist, was also die Einheitlichkeit dieser Form vom Standpunkt ihres Bedeutungsgehalts sichert. Nicht minder wichtig ist es, daß eben der spezifische temporale Bedeutungsgehalt des Futurs (Bezeichnung der Zukunft) eine natürliche Grundlage für alle anderen, modalen Bedeutungsschattierungen und Gebrauchsweisen des Futurs I bildet. Das alles rechtfertigt vollständig die traditionelle Auffassung des Futurs I als einer temporalen Kategorie, die sich in das System der Zeitformen zwanglos einfügt« (Admoni 1960. 176).

Der Hinweis darauf, daß die modalen Schattierungen sich aus dem Grundgehalt des Futurs, nämlich aus der Bezeichnung einer Nachzeitigkeit, ableiten, trifft zwar auf modale Nuancen wie die unter 3.1. und 3.2. genannten zu, nicht jedoch für das Beispiel unter 3.3. Die Sätze unter 3.1. und 3.2. deuten auf einen temporal-modalen Gebrauch der Futurformen, die Verwendung im Beispiel unter 3.3. ist eindeutig *a*temporal-modal. Der *a*temporale Gebrauch des Futurs läßt sich noch mit anderen Beispielen verdeutlichen; vgl.: *er* *wird wohl inzwischen 30 Jahre alt sein – sie wird mit Sicherheit schon gestorben sein.*

Der atemporale, rein modale Gebrauch des Futurs hat auch Vater (1975) veranlaßt, die Konstruktionen mit dem Hilfsverb *werden* als Modalformen zu identifizieren. Dies scheint mir allerdings eine Überinterpretation der modalen Nebenfunktionen des Futurs zu sein, dessen Hauptfunktion sich im Deutschen durch die paradigmatischen funktionalen Oppositionen im Tempussystem als die des Tempus zur Bezeichnung der Nachzeitigkeit darstellt. Was also das Einfügen der grammatischen Kategorie Futur (sowohl Futur I als auch Futur II) in das Verbsystem des Deutschen betrifft, ergibt sich aus den Oppositionen, daß sich das Futur von allen anderen grammatischen Kategorien (Präsens, Imperfekt, Perfekt usw.) durch seinen andersartigen Zeitbezug grundlegend unterscheidet (Ausdruck der Nachzeitigkeit). Zusätzliche Bedeutungsnuancen (wie hier die modalen Konnotationen) sind kontextabhängige fakultative Konnotationen, die jedoch mit Bezug auf das Verbsystem des Deutschen nicht oppositionsbildend sind. Indem diese nicht integrierter Bestandteil des funktionellen Oppositionsmusters der grammatischen Kategorien sind, gehören sie nicht zum System der Sprache. Aus all dem ergibt sich, daß das Futur im Deutschen ein grammatisiertes *Tempus* ist (vgl. 3.1.).

Die Frage (ob Tempus- oder Modalform) stellt sich mit Bezug auf zahlreiche andere Sprachen, in denen das Futur als grammatische Kategorie ausgeprägt ist. Im Englischen und in den nordischen Sprachen weisen ebenso wie im Deutschen nicht nur modale Konnotationen in bestimmten Kontexten, sondern auch die formale Charakteristik auf eine Modalform hin; vgl.:

Modales Hilfsverb (konj.) + Infinitiv

In den romanischen Sprachen kann die obige formale Charakteristik für die vorliterarische Zeit rekonstruiert werden, ist jedoch in historischen Entwicklungsperioden der heutigen Schriftsprachen nicht mehr erhalten geblieben; vgl.:

Klass.-Lat.	Sprechlatein	Altfranz.	Neufranz.	Span.
CANTARE HABEO	*CANTAR AIO	chanterai	chanterai	cantaré

Kontextunabhängige modale Bedeutungsgrundlagen lassen sich für die Futurformen aller erwähnten Sprachen historisch nachweisen. Für moderne Sprachzustände gilt jedoch für das Englische ebenso wie für das Schwedische, Spanische oder Französische, daß modale Schattierungen kontextabhängig auftreten, daß aber die Grundfunktion der Kategorie Futur überall der Ausdruck einer Nachzeitigkeit ist. Die Tatsache, daß temporal-deiktische Funktionen das Verbsystem der betreffenden Sprachen strukturieren, weist das Futur jeweils als Systemeinheit mit temporal-deiktischer Funktion aus. Wollte man argumentieren, das Futur sei aufgrund seiner modalen Konnotationen eine grammatisierte Modalform, so müßte diese im betreffenden Verbsystem jeweils in Opposition zu einer anderen Futurform stehen, die ohne modale Konnotationen eine Nachzeitigkeit kennzeichnet. Es gibt nämlich nachweislich keine Oppositionsbildung, die sich nicht in den Rahmen der Systemstruktur eingliedern ließe. Wenn in einem Verbsystem die temporale Deixis die Strukturierung bedingt, ist die Kennzeichnung der Nachzeitigkeit aufgrund der paradigmatischen Relationen zwischen den einzelnen Tempuskategorien primäres Unterscheidungskriterium des Futurs von anderen Tempusformen. Daneben treten kontextabhängige modale Konnotationen auf, die rein syntagmatisch bedingt und paradigmatisch nicht systematisiert sind.

Die Frage nach der Charakteristik der Futurformen stellt sich in Verbsystemen, die sowohl durch die temporale als auch durch die aspektuelle Deixis strukturiert sind (vgl. 3.1.2.), grundsätzlich nicht anders. Das Verbsystem des Russischen wird sowohl durch das Tempus als auch durch den Aspekt strukturiert, wobei die aspektuelle Deixis die Strukturierung dominiert (vgl. Erläuterungen zur Nullposition beim Präsens des perfektiven Aspekts im Schema auf S. 74). Die Futurkategorie(n) des Russischen stehen demnach in doppelter Opposition zu den übrigen Systemeinheiten. Zu den Präsensformen steht das Futur in Opposition wegen der spezifischen Kennzeichnung der Nachzeitigkeit. Die Nachzeitigkeit wird in aspektueller Hinsicht differenziert, indem die zukünftige Handlung als entweder vollendet oder unvollendet dargestellt wird; vgl.:

Futur/perfektiver Aspekt	Futur/imperfektiver Aspekt
z. B. *pročitaet* ›er wird lesen‹ *vzjaet* ›er wird nehmen‹	*budet čitat'* ›er wird lesen‹ *budet brat'* ›er wird nehmen‹

Wie in anderen Sprachen auch, weisen die Futurformen auch des Russischen in verschiedenen Kontexten modale Konnotationen auf. Dies gilt sowohl für die Form des perfektiven als auch für die des imperfektiven Aspekts. Deutlicher noch als in Sprachen mit ausschließlich temporaler Deixis erkennt man im Verbsystem mit temporal-deiktischer und aspektuell-deiktischer Differenzierung die systembedingte, paradigmatisch verankerte Funktionsopposition (temporaler und aspektueller Vektor), von der sich die modalen Konnotationen deutlich als fakultative, kontextabhängige Schattie-

rungen abgrenzen lassen, die in der syntagmatischen Ebene auftreten.
Vom Futur als Modalform bzw. modaler Kategorie kann man berechtigterweise nur sprechen, wenn im Verbsystem einer Sprache modale Konnotationen grammatisiert sind. Eine vor allem für die prähistorische Entwicklungsphase der südwestlichen Turksprachen charakteristische Bestimmtheitskorrelation (Opposition ›bestimmt/definit : unbestimmt/indefinit‹) führte zur Ausprägung grammatisierter Modalitäten. In den Präteritaltempora verschiedener Sprachen entwickelte sich die Bestimmtheitskorrelation zur Differenzierung von direkter und indirekter Erlebnisform (vgl. Menges 1968. 130, Haarmann 1970a. 39ff.). Die Bestimmtheitskorrelation führte auch zur Ausprägung modal gefärbter Futurkategorien, wobei die Konnotation der indirekten Erlebnisform im Unterschied zu den Präteritalkategorien naturgemäß nur schwach ausgebildet ist. Denn mit Bezug auf vergangene Ereignisse kann die Beteiligung oder Nichtbeteiligung des Sprechers eindeutig konstatiert werden, dies ist hinsichtlich zukünftiger Handlungen nur bedingt möglich. Im Tatarischen stehen sich zwei Futurkategorien gegenüber, deren paradigmatische Opposition auf der Bezeichnung unterschiedlicher Handlungsmodalitäten basiert; vgl.:
Bestimmtes Futur (buduščee opredelënnoe)
z. B. *min kure alačakmyn (kurelečekmen)* ›ich werde (bestimmt) sehen‹
Das bestimmte Futur bezeichnet eine Aktion, von deren Zustandekommen der Sprecher vollständig überzeugt ist, die er für sicher hält.
Unbestimmtes Futur (buduščee neopredelënnoe)
z. B. *min kure alyrmyn (kurelermen)* ›ich werde (vielleicht) sehen‹
Das unbestimmte Futur bringt die Unsicherheit des Sprechers mit Bezug auf ein zukünftiges Geschehen zum Ausdruck. Kennzeichen dieser Unsicherheit sind modale Konnotationen wie Wahrscheinlichkeit, Vermutung, Zweifel u. ä. Vgl. zur Verwendung beider Futurkategorien des Tatarischen in verschiedenen Kontexten die grammatische Skizze von Faseev (1966. 843 ff.).

3.3. Die Analyse deiktischer Kategorien und ihre pragmatische Verwertbarkeit

Eine sprachliche Äußerung kann nur sinnvoll als Bestandteil des Kommunikationsprozesses analysiert werden. Um eine Sachverhaltsaussage zu situieren, d. h. im Rahmen einer beliebigen Sprech-

situation verwendbar zu machen, gibt es in jeder Sprache eine Anzahl von Ausdrucksmitteln (Situatoren), die Hinweise geben über die Relation zwischen dem Sprecher und dem Hörer (Sprechsituation) einerseits, zwischen dem Sprecher und dem Sachverhalt (Sachverhaltsaussage) andererseits. Es sind dies alle deiktischen Ausdrücke, die aufgrund ihrer besonderen Funktion einen spezifischen dialogkonstituierenden Informationswert besitzen. Wunderlich (1970. 14 ff.) unterscheidet deiktische Ausdrücke:
1. der Person (Personalpronomina und ihre Ableitungen, z. B. Possessiva),
2. der Zeit (Tempusformen, Zeitadverbien wie *jetzt, morgen, künftig* usw.),
3. des Ortes (Demonstrativa, Ortsadverbien),
4. Formen der Kontaktaufnahme wie Gruß, Vokativ usw., besondere honorative Formen,
5. Wiedererwähnung von Rede (direkte und indirekte Rede), Formen der Redeeinleitung und des Redeabschlusses wie *ich will es dir erklären . . ., . . . ich habe dir hiermit alles gesagt, was ich weiß,*
6. bestimmte grammatische Modi wie Imperativ, Konjunktiv, Optativ,
7. Modaladverbien wie *augenscheinlich, bekanntlich, vermutlich, möglicherweise, sicher* usw.

Aus dem Blickwinkel der Pragmatik als Teilaspekt der Semiotik nimmt das System der dialogkonstituierenden Elemente (Deixis) eine Schlüsselstellung ein. Zum gegenwärtigen Zeitpunkt scheint die Auffassung in der Pragmatik dahin zu tendieren, die deiktischen Ausdrücke als Universalien der Rede zwar grundsätzlich als wichtiges Studienobjekt anzuerkennen, ihre funktionale Analyse in historischen Einzelsprachen aber anderen linguistischen Disziplinen zu überlassen:

»Die Behandlung der Personalpronomina und anderer deiktischer Elemente als Universalien der Rede muß diskutiert werden. (. . .) Das heißt noch nicht, daß die Untersuchung deiktischer Ausdrücke in den einzelnen Sprachen eine Aufgabe der Pragmatik wäre. So kann zum Beispiel die Beschreibung eines einzelsprachlichen Systems für temporale Deixis sehr wohl im Rahmen einer intensionalen Semantik, die Zuordnung von Sätzen mit indexikalischen Ausdrücken im Rahmen einer extensionalen Semantik geleistet werden« (Schlieben-Lange 1975. 78 f.).

Sprachtypologische Analysen in Form eines multilateralen Vergleichs deiktischer Kategorien sind demnach zwar nicht Aufgabe der Pragmatik, jedoch eine wichtige Erkenntnisquelle für pragmatische Problemstellungen, soweit sie die Deixis betreffen. Aufgabe der

Sprachtypologie ist in diesem Teilbereich einerseits, die Verankerung deiktischer Kategorien im Ganzsystem der untersuchten Sprachen transparent zu machen, andererseits, die Unterschiede des Funktionspotentials deiktischer Kategorien in verschiedenen Sprachen durch entsprechende Kontrastierung im multilateralen Vergleich aufzuzeigen (d. h. das sprachliche Relativitätsprinzip am deiktischen Teilsystem zu demonstrieren).

3.3.1. Redundante und nichtredundante grammatische Kategorien

In strukturtypischer Hinsicht unterscheidet sich die grammatische Kategorie des Personalpronomens nicht von der synthetischen Kasusbeziehung. Die eine wie die andere sind aufgrund der Korrelation von Formalstruktur in Verbindung mit einer spezifischen Funktion im grammatischen System als grammatische Kategorien ausgewiesen (vgl. 1.2.). Vom kommunikativen Standpunkt betrachtet sind die genannten Kategorien sehr unterschiedlich: das Personalpronomen ist eine deiktische Kategorie mit dialogkonstituierender Funktion, die Kasusbeziehung ist eine nichtdeiktische Kategorie ohne Dialogkonstituenz, denn sie enthält keine Informationen über die Sprechsituation bzw. über die Beziehung zwischen Sprecher und Hörer sowie die zwischen Sprecher und Sachverhalt. Wenn unter strukturtypischen Gesichtspunkten eine Einteilung in morphologische Systemteile wie Nominalsystem, Pronominalsystem, Verbalsystem sinnvoll ist (vgl. 1.2., 2.3.), ergeben sich vom kommunikativen Standpunkt aus betrachtet andere Gruppierungen. Die deiktischen Elemente, die als kommunikatives Teilsystem anzusehen sind, gehören zu verschiedenen strukturtypischen Gruppierungen. Nichtdeiktische Kategorien ohne Dialogkonstituenz sind in kommunikativer Perspektive redundant. Deiktische Kategorien sind aufgrund ihrer dialogkonstituierenden Funktionen naturgemäß nichtredundant.

Um die fundamentalen kommunikativ-funktionalen Unterschiede zu veranschaulichen, erläutere ich im folgenden die Redundanz verschiedener nichtdeiktischer Kategorien. Die deiktischen Ausdrücke werden in einem eigenen Abschnitt behandelt (vgl. 3.3.2.). Der vorliegende Zusammenhang ist Anlaß für mich, auch Beispiele aus nichteuropäischen Sprachen zu diskutieren, einerseits, um die Demonstrationskapazität zu erhöhen, andererseits, um das Kriterium der Vergleichbarkeit europäischer mit außereuropäischen Verhältnissen exemplarisch anzusprechen.

Jegliche Form von grammatisierter Genusunterscheidung im Nominal- oder Verbalsystem verschiedener Sprachen ist vom informa-

tionstheoretischen und kommunikativen Standpunkt aus betrachtet
redundant. In den folgenden Satzäquivalenten ergibt sich mit oder
ohne Genusunterscheidung keinerlei Veränderung des Informationswertes:

deutsch	*das Schiff*	(n.)	*fährt in den Hafen*	(m.)
französisch	*le bateau*	(m.)	*entre dans le port*	(m.)
englisch	*the ship*	(–)	*enters the harbour*	(–)
finnisch	*laiva*	(–)	*kulkee satamaan*	(–)

Ebenso sind Unterscheidungen nach dem Kriterium des Belebt-
oder Unbelebt-Seins (vgl. slavische Sprachen, Algonquin-Sprachen
usw.) oder nach semantischen Klassen (vgl. kaukasische Sprachen,
Bantu-Sprachen usw.) redundant. Von den insgesamt 21 in Bantu-
Sprachen verbreiteten Klassen sind im Suaheli, dem Hauptvertreter
dieser Gruppe, sechs (bzw. sieben) Klassen vertreten (vgl. Lyons
1972. 288 f.). Auch die durch die Existenz der Genusunterscheidung bedingten Kongruenzerscheinungen sind dementsprechend
ohne Informationswert für den Inhalt einer Sachverhaltsaussage
sowie für ihre Situierung:

deutsch	*das schlanke*	(n.)	*Mädchen*	(n.)
spanisch	*la chica*	(f.)	*delgada*	(f.)
finnisch	*solakka*	(–)	*tyttö*	(–)

Sämtliche Kongruenzerscheinungen sind redundant. Hierzu gehört
beispielsweise auch die in vielen Sprachsystemen recht komplex ausgeprägte Zahlensyntax. In den west- und mitteleuropäischen Sprachen steht das vom Zahlwort abhängige Substantiv bei einer Anzahl
von 2 oder mehr gezählten Objekten im Plural, im Türkischen wird
dagegen auch von 2 aufwärts die Singularform des Substantivs beibehalten. Im Russischen steht das gezählte Substantiv nach dem
Nominativ und Akkusativ der Zahlen 2, 3 und 4 (entsprechend nach
22 usw., 32 usw.) im Genitiv Singular. Nach dem Nominativ und
Akkusativ der anderen Zahlwörter erfordert die Zahlensyntax den
Genitiv Plural des Substantivs. Im Genitiv, Dativ, Instrumental und
Präpositiv kongruiert das Substantiv in der Pluralform mit den genannten Zahlwörtern im Kasus. Wesentlich komplizierter sind die
Verhältnisse, wenn ein Adjektiv hinzutritt. Nach dem Nominativ
und Akkusativ von 2, 3 und 4 steht das Adjektiv im *Genitiv* Plural,
wenn es als Attribut zu einem männlichen oder sächlichen Substantiv gehört, im *Nominativ* Plural, wenn es sich auf ein weibliches
Substantiv bezieht:

tri sovetskich (Gen. Pl. m.) *rabotnika* (Gen. Sg. m.) ›drei sowj.
Arbeiter‹

tri sovetskie (Nom. Pl. f.) *rabotnici* (Gen. Sg. f.) ›drei sowj. Arbeiterinnen‹

dvadcat' dva bol'šich (Gen. Pl. n.) *okna* (Gen. Sg. n.) ›zweiundzwanzig große Fenster‹
Nach dem Nominativ und Akkusativ der übrigen Zahlwörter kongruiert das Adjektiv mit dem Substantiv (Gen. Pl.). Kongruenz zwischen allen drei Gliedern des Syntagmas besteht im Genitiv, Dativ, Instrumental und Präpositiv (vgl. Vinogradov 1960. 367ff.).
Ein in europäischen Sprachen (Ausnahme: Maltesisch) unbekanntes Phänomen ist die Genus*opposition* zwischen den Zahlwörtern 3 bis 10 und den gezählten Substantiven. Derart geprägt sind die redundanten Kongruenzerscheinungen in semitischen Sprachen. Ist das Gezählte ein Maskulinum, erscheint das Zahlwort in der Form des Femininums, handelt es sich um ein Femininum, tritt das attributive Zahlwort in maskuliner Form vor das Substantiv. Eine entsprechende Kongruenz ergibt sich bei den mit Einerzahlen zusammengesetzten Numeralia (vgl. Grande 1972. 301ff.).
Redundante grammatische Kategorien und die entsprechenden Kongruenzerscheinungen erfüllen dem grammatischen System immanente Funktionen. Das Zusammenwirken von redundanten und nichtredundanten Kategorien macht den Konstruktionsmechanismus der Sprache aus. In der paradigmatischen Kompetenz des Sprechers (vgl. 1.2.) sind redundante und nichtredundante Kategorien mit ihrer funktionalen Oppositionsbildung integriert.

3.3.2. Die Analyse grammatischer Kategorien mit
       Dialogkonstituenz (Pragmatik und Kompetenz)

Welche unterschiedliche Ausprägung das deiktische System in Sprachen verschiedenen Typs haben kann und wie verschiedenartig die Implikationen der deiktischen Kategorien sein können, davon kann nur der Reihenvergleich als Teiltypologie einen zutreffenden Eindruck vermitteln. Wie bereits in 3.3.1. angedeutet, gehe ich im folgenden nur auf deiktische Kategorien in grammatisierter Form ein. Ihre dialogkonstituierende Funktion weist solche grammatischen Kategorien entsprechend der von mir verwendeten Terminologie als nichtredundant aus. In der folgenden Übersicht möchte ich in der Art und Weise eines skizzenhaften Entwurfs die Differenzierung und unterschiedliche Lagerung (bzw. Oppositionsbildung) deiktischer Kategorien im grammatischen System von Sprachen verschiedenen Typs zeigen.
a) *Personalpronomina:* In Sprachen, die keine Genusunterscheidung beim Personalpronomen kennen (vgl. fi. *hän* ›er; sie‹, ung. *ő* ›er; sie‹ usw.) ergeben sich bei der Verwendung dieser deiktischen Kategorie in bestimmten Kontexten Verständnisschwierigkeiten bei

der Informationsvermittlung. Wenn von einer Gruppe von Personen gesprochen wird, die aus Frauen und Männern besteht (bzw. von zwei Personen, einer Frau und einem Mann), und in einem späteren Satz auf eine Frau verwiesen wird, ist die Deixis *hän* (bzw. *ő*) mit ihrer semantischen Ambivalenz nicht imstande, eine eindeutige Kontextbeziehung herzustellen. Eine Spezifizierung ist nur durch andere Mittel möglich (z. B. durch namentliche Nennung oder durch Hinzeigen auf die betreffende Person u. ä.). In solchen Kontexten ist die Genusopposition beim Personalpronomen nichtredundant.

In europäischen Sprachen kann der Hinweis darauf, ob beim Gebrauch des Pronomens der 1. Pers.Pl. (›wir‹) der (bzw. die) Sprecher den (bzw. die) Angeredeten in ihre Aussage mit einschließen oder nicht, allein aus dem Kontext ermittelt werden, in dem die betreffende Aussage steht. Grundsätzlich bestehen folgende Interpretationsmöglichkeiten:

Inklusiv – wir_1 a) ich mit dir
                        b) ich mit euch
                        c) wir mit dir
                        d) wir mit euch
Exklusiv – wir_2 a) wir ohne dich
                        b) wir ohne euch

Funktionell ist zweifellos der Inklusiv am stärksten belastet. Eine in zahlreichen außereuropäischen Sprachen auftretende Systemkategorie ist die formale Differenzierung des Pronomens der 1. Pers.Pl. in zwei Varianten, die funktionell den Inklusiv auf der einen, den Exklusiv auf der anderen Seite vertreten. Nach ihrer strukturell-grammatischen Verankerung im einzelsprachlichen System unterscheidet Majtinskaja (1969. 163) insgesamt vier Grundtypen:

1. Sprachen, die im Pronominalsystem nur Singular und Plural unterscheiden, somit die Opposition nur im Plural ausgeprägt ist (dies ist der häufigste Typ, vgl. Avarisch/kaukas. Sprache, Beludžisch/iranische Sprache, Negidalisch/tungusische Sprache usw.);
2. Sprachen, die Singular, Dual und Plural unterscheiden, in deren Pronominalsystem die Opposition nur im Dual ausgebildet ist (vgl. indische Sprachen);
3. Sprachen, die Singular, Dual und Plural unterscheiden, aber die Kategorien Inklusiv und Exklusiv nur im Plural Systemeinheiten sind (vgl. australische, polynesische und Papuasprachen);
4. Sprachen, die außer Singular, Dual und Plural weitere Numeri unterscheiden (z. B. Trial u. ä.), in denen die Opposition auftritt (vgl. Vororo/austral. Sprache).

Die Opposition von Inklusiv : Exklusiv signalisiert die subjektive Orientierung des Sprechers im Kommunikationsprozeß.

b) *Demonstrativpronomina:* Sehr unterschiedlich ist die Differenzierung des deiktischen Potentials hinsichtlich der Demonstrativpronomina in Sprachen verschiedenen Typs. Im Bereich der subjektiven Orientierung ist der am weitesten verbreitete Typ der, Denotate nach ihrer horizontalen Entfernung mit Bezug zum Sprecher zu kennzeichnen. Auf Brugmann (1904) geht die Vierteilung der lokalen deiktischen Kategorien in den indogermanischen Sprachen zurück: vgl. Der-Deixis: der Mann; Ich-Deixis: *dieser* Mann *(hier);* Du-Deixis: *der* Mann *(da);* Jener-Deixis:*jener Mann (da drüben, da hinten usw.).* Wenn wir von der Der-Deixis absehen, die nur in einigen Vertretern dieser Sprachfamilie verbreitet ist, ist bei den Demonstrativpronomina Dreiteilung (vgl. altruss. *sь* : *tъ* : *onъ*, span. *este* : *ese* : *aquel* usw.) und Zweiteilung vertreten (vgl. dt. *dieser* : *jener*, it. *questo* : *quello* usw.). Ähnlich ist die Differenzierung in uralischen und altaischen Sprachen. Selten findet sich eine horizontale vierteilige Gliederung: vgl. norweg.-lapp. *dāt* ›dieser‹ : *diet* ›der dort‹ : *duot* ›jener, der dort‹ : *dōt* ›jener (dort drüben, da hinten)‹. In außereuropäischen Sprachen sind neben den oben genannten Grundkriterien noch weitere Differenzierungen systematisiert, die in den Sprachen Europas unbekannt sind. Angeführt sei hier das Eskimo mit seinen zahlreichen oppositionsbildenden Kriterien im Pronominalsystem (vgl. besonders die Blickfeldsensitivität). Erst Forschungen der fünfziger und sechziger Jahre haben gezeigt, wie differenziert das semantische Potential der Demonstrativpronomina in den Eskimo-Dialekten (vor allem im asiatischen Eskimo) ist. Die Demonstrativpronomina enthalten folgende Grundinformationen über die Relation zwischen Sprecher und Denotat (vgl. Menovščikov 1962. 259ff., Haarmann 1971b. 96ff.):

1. Entfernung im Raum (*statisch*)
1.1. Entfernung in der Ebene (horizontal)
 vgl. *igna* ›jener (in einiger Entfernung vom Sprecher)‹ u. a.
1.2. Entfernung im Raum (vertikal)
 vgl. *pikna* ›jener (oberhalb des Sprechers)‹ u. a.
2. Entfernung im Raum (*dynamisch*)
2.1. Bewegung zum Sprecher
 vgl. *ukna* ›jener (der sich dem Sprecher nähert)‹
2.2. Bewegung vom Sprecher
 vgl. *agna* ›jener (der vorbeigeht)‹
3. Bestimmtheitskorrelation
3.1. Bestimmtes Denotat
 vgl. *k'amna* ›jener da (innerhalb von etwas; bestimmt, bekannt)‹
3.2. Unbestimmtes Denotat
 vgl. *k'agna* ›jener da draußen (unbestimmt, nicht bekannt)‹
4. Blickfeldsensitivität

4.1. Sichtbares Denotat
(hierzu gehören alle Pronomina, die einen spezifischen Informationswert über die räumliche Position bzw. über die Bewegung des Denotats vermitteln; s. o.)

4.2. Nicht sichtbares Denotat
vgl. *amna* ›jener da (an irgendeinem unbestimmten Ort; nicht sichtbar)‹

5. Bezeichnung einer zeitlichen Beziehung
vgl. *imna* ›jener da (entfernt vom Sprecher, nicht sichtbar, unbekannt; gewesen, d. h. in der Vergangenheit)

Das unter 4 genannte Kriterium der Blickfeldsensitivität begegnet ebenfalls im Vax-Ostjakischen (vgl. Haarmann 1970a. 68f.):

Sichtbares Denotat	Nicht sichtbares Denotat
timi ›dieser‹	*t'it* ›dieser‹
tomy ›jener‹	*t'ut* ›jener‹

c) *Honorative Formen in grammatisierter Ausprägung:* In vielen Sprachen gibt es besondere Ausdrucksmittel zur Bezeichnung der Ehrerbietung gegenüber dem Gesprächspartner. Zumeist handelt es sich dabei um pronominale Elemente (vgl. dt. *Sie*, russ. *vy*, frz. *vous*, span. *usted*, fi. *te* usw.), die in einer bestimmten Kongruenzbeziehung zum Verb stehen:

Typ A – dt. *Sie* + 3. Pers.Pl.

Typ B – span. *usted* + 3. Pers.Sg.

Typ C – frz. *vous*, russ. *vy*, fi. *te* + 2. Pers.Pl.

Die Ehrerbietung kann abgestuft werden (vgl. die Opposition von port. *você* : *o senhor*) usw. Nur in wenigen Sprachen treten honorative Formen in grammatisierter Ausprägung auf; die Grammatizität läßt sich in der Dublettenbildung des betreffenden Pronominalsystems erkennen. Im Baskischen (hauptsächlich im bizkainischen und soulischen Dialekt) wird in der Konjugation zwischen höflichem (conjugación respetuosa) und familiärem (vertraulichem) Sprachgebrauch (conjugación familiar) unterschieden:

höflich	familiär
nik iltzen det	*nik iltzen dikat*
›ich töte es‹	›ich töte es‹

Die höfliche und familiäre Konjugation sind jede durch einen spezifischen Satz von Personalpronomina charakterisiert, u. zw. von der 1. Pers.Sg. bis zur 3. Pers.Pl. im ganzen Paradigma (vgl. Lewy 1942 = 1964. 21f.). Bekannter vielleicht als die honorativen Formen im Baskischen und auch verzweigter ist das System der Honorifika im Japanischen (vgl. Prideaux 1970). In Europa ist jedenfalls die Ausprägung der Honorifikaformen als kommunikativ-grammatische Kategorien ein Isolationismus des Baskischen.

d) *Verbale deiktische Kategorien:* Die Differenzierung der funktionalen Oppositionen im Verbsystem verschiedener Sprachen umfaßt Vektoren temporaler, aspektueller, aktionsartbezogener und modaler Deixis, deren unterschiedliche Verflechtung in grammatisierter Ausprägung die Vielfalt von Typen verbaler Teilsysteme im Sprachendiagramm Europas manifestiert. Die Korrelationen der funktionalen Vektoren in den verschiedenen Verbsystemen sind bereits skizziert worden (vgl. 3.1.). Zur Problematik der Einbettung der Kategorie Futur im Verbsystem verweise ich auf den vorhergehenden Abschnitt (vgl. 3.2.). Auf das Modusinventar der Sprachen Europas bin ich ebenfalls gesondert eingegangen (vgl. 4.2.2.). Im vorliegenden Zusammenhang verzichte ich daher auf weitere Anmerkungen.

Der Sprachtypologie fällt bei der Analyse des deiktischen Teilsystems eine komplexe Aufgabe zu, deren Lösung der Pragmatik wichtige Erkenntnisse vermittelt:

1. Die sprachtypologische Analyse identifiziert den Gesamtkomplex des deiktischen Potentials von Einzelsprachen und macht diesen hinsichtlich seiner Einzelbestandteile transparent;

2. Die sprachtypologische Analyse gruppiert deiktische Ausdrücke nach dem Kriterium der Grammatizität und differenziert zwischen grammatischen Kategorien und nichtgrammatisierten syntaktisch-lexikalischen Ausdrucksmitteln;

3. Die sprachtypologische Analyse vermittelt einen wesentlichen Einblick in Verflechtung und Kombinatorik der Dialogkonstituenz einzelner Kategorien im Zusammenwirken;

4. Die sprachtypologische Analyse ermöglicht Aussagen über das Maß an Grammatizität des deiktischen Potentials von Einzelsprachen (= Grammatische Verdichtung deiktischer Kategorien im System).

3.3.3. Integration und Einsatz sprachlicher Ausdrucksmittel in Sprechakten (Pragmatik und Performanz)

Daß die Kenntnis der Grammatizität des deiktischen Potentials einer Sprache sowie der Verteilung von grammatischen und nicht grammatisierten Bestandteilen des deiktischen Systems nicht für die Sprachtypologie allein von Bedeutung, sondern auch für Rückschlüsse im Rahmen pragmatischer Problemstellungen besonders wichtig ist, dies wird bei der Analyse des Einsatzes sprachlicher Ausdrucksmittel in Sprechakten deutlich. Der Konstruktionsmechanismus einer Sprache legt den Sprecher in erheblichem Maß fest, was den Einsatz sprachlicher Mittel betrifft. Die Kompetenz *ermöglicht* dem Sprecher nicht nur eine adäquate Kommunikation, sondern sie *determiniert* ihn gleichzeitig, die Kommunikation in bestimmten Grenzen aufzubauen. Das grammatische System der betreffenden Sprache schreibt die Verwendung von redundanten (vgl. 3.3.1.) und nichtredundanten Kategorien vor (vgl. 3.3.2.). Ein deutscher Muttersprachler hat keine Wahl, ob er die redundante Genusopposition im Nominalsystem aus sprachökonomischen Gründen (u. zw. im Sinne einer informationswertgerechten Sachverhaltsaussage) ausklammern will oder nicht. Er ist auf ihre Verwendung festgelegt. Ein russischer Muttersprachler muß jedes verbale Geschehen temporal *und* aspektuell situieren, ob er will oder nicht. Ein tatarischer Muttersprachler ist durch die eigene Kompetenz sogar determiniert, ein verbales Geschehen temporal, aktional und auch modal zu spezifizieren. Ein deutscher oder französischer Muttersprachler verfügt hier über einen weitaus breiteren Spielraum, sich frei für die Verwendung von Modaladverbien zur Kennzeichnung seiner Einstellung zur Handlung zu entscheiden.

Die Zusammenstellung in den obigen Abschnitten zeigt deutlich den Determinismus, dem Sprecher von Sprachen verschiedenen Typs beim Einsatz des deiktischen Potentials in Sprechakten unterliegen. Die Kenntnis der grammatischen Verdichtung der deiktischen Elemente einer Sprache ermöglicht demnach eine Klassifikation dieser Sprache bezüglich des Grades ihres Determinismus. Bei sorgfältiger Analyse gelangt man zu einem Deixis-Index etwa folgender Art:

Sprache A = Deixis-Index (sprachlicher Determinismus) 5
Sprache B = Deixis-Index (sprachlicher Determinismus) 2
Sprache C = Deixis-Index (sprachlicher Determinismus) 4

Nach diesem Modell würden sich Sprache A und C hinsichtlich ihres Deixis-Indexes näherstehen als Sprache A und B. Könnte man auf solche Indizes zurückgreifen, die mit den Methoden der numerischen Taxonomie zu erstellen wären, stünde damit ein wichtiges Hilfsmittel für die semiotische Analyse von Texten in den betreffenden Sprachen zur Verfügung.

Die skizzierten Reihenvergleiche dokumentieren meines Erachtens die Existenz eines sprachlichen Relativitätsprinzips, allerdings nicht in der strengen Form der sog. Sapir-Whorf-Hypothese. Diese Hypothese muß ihrerseits ›relativiert‹ werden (vgl. Diskussion bei Haarmann 1976a. 124ff. Whorf (1962. 51ff., 112ff.) hatte beispielsweise die Existenz eines temporal-deiktischen Vektors im Verbalsystem des Hopi (Indianersprache der Aztek-Tanō-Gruppe) negiert. Vor allem aufgrund seiner Beobachtungen am Hopi kam er mit Sapir zur Formulierung der nach ihnen benannten Hypothese von der sprachlichen Relativität. Inzwischen ist nachgewiesen worden, daß das Verbalsystem des Hopi von Whorf falsch analysiert wurde.

Gipper (1972. 298 ff.) und eine Mitarbeiterin haben aus der Sicht der Sprachinhaltsforschung den Beweis angetreten, daß auch im Hopi eine Zeitreferenz – wenn auch schwach profiliert – zu erschließen ist. Die im Hopi vertretene Opposition zwischen dem, was gerade geschieht (Gegenwart) und dem, was gerade nicht geschieht (Vergangenheit bzw. Zukunft) erinnert an historische Entwicklungsphasen semitischer Sprachen (vgl. Haarmann 1971a). Die Relativität resultiert nicht unbedingt aus dem Fehlen oder Vorhandensein eines bestimmten Vektors im grammatischen System, sondern sie beruht auf der unterschiedlichen Bündelung funktionaler Indikationen in grammatischen Kategorien. Mit der verschiedenartigen Bündelung funktionaler Indikationen ist eine entsprechende Variation des Informationswertes verbunden. In ihrer relativierten Form manifestiert sich die Hypothese von der sprachlichen Relativität deutlich in der tabellarischen Übersicht der grammatisierten Vektoren im Verbalsystem von Sprachen verschiedenen Typs auf S. 87. Auch die Differenzierung der Aspekttypen (vgl. die Opposition von *perfektiv* : *imperfektiv* in slavischen Sprachen und die von *kursiv* : *stativ* in semitischen Sprachen) spricht für das Relativitätsprinzip.

Das Gesagte hat verdeutlicht, welche besondere Bedeutung der monothetischen Klassifikation des deiktischen Systems durch die Sprachtypologie zukommt, vor allem, wenn man an die Auswertung der Erkenntnisse durch die Semiotik denkt. Stellt man in Rechnung, daß die allgemeine Sprachtypologie noch weit davon entfernt ist, mit Hilfe der numerischen Taxonomie Ganzsysteme zu klassifizieren, liegt es nahe, die sprachtypologische Analyse der Deixis als Teilsystem zu intensivieren. Denn diese Teiltypologie liefert wesentliche Erkenntnisse sowohl für die allgemeine Sprachtypologie als auch für die Pragmatik.

4. Typologie der Systemeinheiten europäischer Sprachen

Die Inventarisierung der Systemeinheiten ermöglicht eine Bestandsaufnahme der strukturellen Eigenschaften europäischer Sprachen. Eine solche Bestandsaufnahme ist eigentlich Aufgabe eines Teams; in der vorliegenden Einführung, in der methodische Hinweise die Analysen des Sprachmaterials überwiegen sollen, ist kein Platz für eine Gesamtinventarisierung. Auch wenn ich damit auf eine zukünftige Studie der sprachtypologischen Grundlagenforschung hinweise, ohne eine solche bereits jetzt vorzulegen, bieten meines Erachtens schon die Ausführungen dieses Kapitels genügend Anhaltspunkte, um den praktischen Nutzen des zu erarbeitenden Inventars zu erkennen. Die unterschiedliche Betonung von Gemeinsamkeiten einerseits und von Unterschieden andererseits zwischen den Einzelsprachen des europäischen Sprachendiagramms, wie sie zum methodischen Streit zwischen genetisch orientierter historisch-vergleichender Sprachwissenschaft und Sprachtypologie einerseits, zwischen der Sprachtypologie und der kontrastiven Linguistik andererseits hochstilisiert wurde, könnte in einer solchen angestrebten Bestandsaufnahme sachorientiert neutralisiert werden. Das Inventar zeigt jedenfalls Ähnlichkeiten und Unähnlichkeiten, Vergleichbares und Unvergleichbares, das je nach Fragestellung unterschiedliches Gewicht erhält. In diesem Sinn neutralisiert sich auch der scheinbare Gegensatz zwischen der an einzelnen genetisch miteinander verwandten Sprachen orientierten Linguistik und der interdisziplinär orientierten Sprachtypologie, Sprachbundforschung und kontrastiven Linguistik. Eine Auswertung des vollständigen Inventars von Systemeinheiten wird auch letztlich eine ›positive‹ Definition des europäischen Sprachendiagramms ermöglichen, die aus arbeitstechnischen Gründen beim derzeitigen Forschungsstand noch nicht gegeben werden kann (vgl. 1.3.).

Eine negative Abgrenzung des europäischen Sprachendiagramms mit Bezug auf seine Systemeinheiten läßt sich naturgemäß leicht durch die Kontrastierung mit in Europa nicht existenten Systemeinheiten (vgl. Beispiele in 3.3.) erreichen, wodurch die andersartige Strukturierung der Teilsysteme außereuropäischer Sprachen aufgedeckt wird. Das methodische Prinzip, Vergleichbares und Unvergleichbares bei der Kontrastierung herauszustellen, muß nicht nur im multilateralen Sprachvergleich europäischer mit außereuropäischen Verhältnissen, sondern auch im Rahmen des innereuropäischen Vergleichs Beachtung finden. Die folgenden Abschnitte enthalten zu dieser Thematik Anschauungsmaterial. Die Aufschlüsselung der Systemeinheiten nach Europemen (vgl. 4.1.), majoritär bzw. minoritär verbreiteten Eigenschaften (vgl. 4.2.) sowie Isolationismen (vgl. 4.3.) ermöglicht aus dem Blickwinkel der linguistischen Europäistik eine Systematik der sprachlichen Merkmale europäischer Sprachen nach Vorkommen und Verbreitung. Insgesamt ergibt sich daraus die Differenzierung der Systemeigenschaften des europäischen Sprachendiagramms. Die Inventarisierung erfolgt nach einheitlichen Kriterien, wobei der folgenden Zusammenstellung das in 2.3. vorgeschlagene Beschreibungsmodell zugrunde gelegt wurde. Verweise auf die anderen Kapitel verdeutlichen, daß die Inventarisierung der Systemeinheiten als Katalog von Merkmalen europäischer Sprachen das Fundament darstellt, auf das sich die Analyse von Teilsystemen im multilateralen Sprachvergleich gründet. Eine vollständige Inventarisierung gehört zu den aktuellen Aufgaben der europäistisch orientierten Sprachtypologie.

Da Systemeinheiten bzw. Systemkategorien in ihren Funktionen nur relational definierbar sind, können Äußerungen über Systemeinheiten im multilateralen Sprachvergleich nur sinnvoll sein, wenn sie die Einbettung der Kategorien im jeweiligen einzelsprachlichen System (d. h. die paradigmatischen bzw. syntagmatischen Relationen zu anderen Systemkategorien) berücksichtigen. Ich habe mich bemüht, diesem Prinzip Rechnung zu tragen.

4.1. Europäische Universalien (Europeme)

Die Problematik der sprachlichen Universalien ist von sehr unterschiedlichen theoretischen und methodischen Standorten aus diskutiert worden. Entsprechend unterschiedlich sind dabei die Schwerpunkte des wissenschaftlichen Interesses. R. Jakobson und M. Halle (1956) haben mit ihrer Theorie der distinktiven Merkmale den Weg zur Formulierung phonologischer Universalien gewiesen. Die Argumentation von J. H. Greenberg (1966, 1973a, u.a.) geht in die Richtung einer Universalienforschung im Rahmen einer Strukturtypik. C. F. Hockett (1973, u.a.) betrachtet die Universalienfrage unter anthropologisch-semiotischen Gesichtspunkten, der grammatiktheoretische (syntaxorientierte) Ansatz wird von den Generativisten vertreten (N. Chomsky 1969, u.a., J. J. Katz 1970, E. Bach, R. T. Harms 1968, u.a.), in der Perspektive der Pragmatik wurde die Universalienfrage als Bestandteil der Sprachhandlungstheorie von J. Habermas (1971) und anderen behandelt. Mit der Problematik der Universalität von Wortarten haben sich vor allem E. Sapir (1921, 1961) und S. D. Kaznelson (1974) auseinandergesetzt. Cosenin (1975) differenziert zwischen *universellen* und *generellen* Eigenschaften.

Die größten Schwierigkeiten bei den Aussagen über Universalien (bzw. bei der Formulierung von Postulaten) ergaben sich jeweils aus dem Tatbestand, daß man grundsätzlich auf Beobachtungen angewiesen ist, die an einer begrenzten Anzahl von Sprachen gewonnen werden. Auf der Basis von Wahrscheinlichkeitsanalysen werden bestimmte Beobachtungsergebnisse extrapoliert und damit auf sämtliche natürlichen Sprachen ausgedehnt. In der Klassifizierung der Universalien nach Grundtypen von Greenberg, Osgood und Jenkins (1973. xix ff.) offenbart sich exemplarisch die Abhängigkeit der Postulate von einer Überprüfung im Rahmen quantifizierender Methoden; vgl. die Skala der Universalien: 1. uneingeschränkte U. (unrestricted u.), 2. universelle Implikationen (universal implications), 3. beschränkte Äquivalenz (restricted equivalence), 4. statistische U. (statistical u.), 5. statistische Korrelationen (statistical correlations), 6. universelle Häufigkeitsverteilung (universal frequency distributions). Wahrscheinlichkeitsaussagen sind eher die Regel als die Ausnahme. Greenberg (1973 a. 110 ff.) operiert mit stereotypen Wendungen wie »with well more than chance frequency ...«, »with overwhelmingly more than chance frequency ...«, »... almost always ...«, »... almost never ...«, usw. Diese Formulierungen beinhalten eine entsprechende Reserve, die sehr wohl am Platz ist, wenn man bedenkt, daß Greenberg seine Thesen aufgrund der Analyse von 30 Beispielsprachen extrapolierte. Die von ihm analysierten Sprachen zeigen in ihrer Differenziertheit, daß es sich nicht um eine Zufallsauswahl handelte, sondern daß für die Zusammenstellung des Korpus Greenbergs Vorwissen über die Verschiedenartigkeit der einzelnen Sprachen entscheidend war. Von den europäischen Sprachen werden folgende berücksichtigt: Baskisch, Finnisch, Griechisch, Italienisch, Norwegisch, Serbokroatisch, Kymrisch. Obwohl der Korpus zweifellos nicht auf einer stichprobenhaften, sondern auf einer gezielten Auswahl basiert, bleibt es trotzdem fraglich, inwieweit die Analyseergebnisse von Greenberg repräsentativ sind bzw. sein können. Erst Quantifizierungen in größerem Umfang werden die Wahrscheinlichkeitsaussagen auf ihre Stichhaltigkeit bzw. ihren Grad an Wahrscheinlichkeit hin überprüfen können, Quantifizierungen, die fehlen und noch lange fehlen werden. Dies ist einfach arbeitstechnisch bedingt.

Eine neuartige Perspektive ergibt sich meines Erachtens für die Universalienfrage in der Linguistik durch die exemplarische Erforschung des Sprachendiagramms Europas als Studienobjekt. Die methodischen Vorteile, die das Arbeitsfeld »Sprachen Europas« bietet, fallen in diesem Zusammenhang entsprechend ins Gewicht. Das Einbeziehen von in ihrer Struktur so unterschiedlichen Sprachen wie Englisch, Baskisch, Jurakisch, Russisch oder Maltesisch macht den Korpus von 65 Sprachen besonders brauchbar für das Objektivieren von Aussagen über in Europa vorkommende Kategorien und strukturtypische Eigenschaften. Die systematische Beschränkung (d. h. zielorientierte Konzentration) auf das europäische Sprachendiagramm könnte die Problematik der Universalien von einem neuartigen Standort aus neu durchleuchten. In folgenden Bereichen ist dabei mit einer größeren Transparenz der Problematik in bezug auf ihre Lösungsmöglichkeiten zu rechnen:

a) Inventarisierung der Universalien im europäischen Sprachendiagramm (Europeme) und ihre Abgrenzung gegenüber majoritären und minoritären Eigenschaften;
b) Überprüfung bisheriger Wahrscheinlichkeitsaussagen über Universalien im Rahmen quantifizierender Methoden und die Formulierung von Europemen aufgrund absoluter statistischer Daten (bezogen auf den begrenzten Korpus der Sprachen Europas);
c) Intensivierung der Untersuchungen zur Problematik der Kategorienbildung und Inventarisierung funktionaler Europeme.

Die Problematik, in welchem Umfang die Kategorienbildung universell ist, ist bislang in allen Bereichen der Universalienforschung vernachlässigt worden. Wie komplex und vielschichtig sich diese Problematik darstellt, habe ich in verschiedenen Zusammenhängen illustriert (vgl. die funktionalen Korrelationen wie Tempus, Aspekt, Modalität usw. beim Verb, das Verhältnis von Aktionsverb und Zustandsverb, u. ä.; 3.1.–3.3., 4.2.).

Das Inventar der *Europeme* sollte die obigen Anforderungen erfüllen und die Ergebnisse der bisherigen Universalienforschung in Form einer absoluten Quantifizierung widerspiegeln. Es wird sich herausstellen, welche Universalien als solche bestehen bleiben, welche Europeme bisher unerkannt geblieben sind, welche Erweiterung das Inventar der Universalien durch das unter c genannte Forschungsprinzip erfährt. Ein vollständiges Inventar der Europeme ist derzeit nicht erreichbar, weil erst auf der Grundlage einer systematischen Beschreibung der Ganzsysteme aller europäischen Sprachen denkbar. Eine solche Analyse konnte bisher nur als Absichtserklärung formuliert werden (vgl. 2.3.). Das Inventar der Europeme ist naturgemäß umfangreicher als das der generellen Universalien (vgl. Europeme 4 und 5). Zur Abgrenzung zwischen Europem und (genereller) Universalie eignet sich das Inventar der Europeme als Basis für Extrapolationen. Welche Perspektiven sich für die vergleichende

Europäistik mit der Europemforschung sowie für die Diskussion der Universalien überhaupt ergeben, mag die Auswahl einiger Europeme in der folgenden Übersicht veranschaulichen. Ich habe auf eine Wiederholung der bekannten Universalien verzichtet und verweise diesbezüglich auf die genannten Arbeiten (s. o.). In der Auswahl habe ich vorrangig solche Europeme berücksichtigt, die einerseits eine inhaltliche Revision bisheriger Universalienpostulate darstellen (vgl. Europem 1), die andererseits bisher nicht formuliert wurden (vgl. Europem 3). Außerdem habe ich die Problematik der Kategorienbildung berücksichtigt (vgl. Europem 7).

1. Europem: Die Zahl der einfachen* segmentalen Phoneme ist in keiner Sprache niedriger als 10 und in keiner Sprache größer als 110.

Greenberg, Osgood und Jenkins (1973. xix) gingen von einer maximalen Zahl segmentaler Phoneme aus, die sich auf 70 belief. Diese Annahme eines universellen Maximums wiederholte Hockett (1968. 93), darauf bezieht sich Lehfeldt (1975. 275). Das Kildinische ist der lappische Dialekt mit der größten Phonemzahl in Europa überhaupt. Diese Zahl übersteigt knapp 100 (vgl. 4.2.1.), ist damit weitaus größer als die bisher festgestellte obere Grenze von 70 Phonemen. Auch außerhalb Europas gibt es Sprachen, deren Phonemzahl weit über 70 liegt. Ich verweise auf das Ubychische, eine kaukasische Sprache (vgl. 1.3.), mit insgesamt 82 segmentalen Phonemen (vgl. zum Ubychischen auch Haarmann 1976a. 53).

2. Europem: Die Zahl der Konsonantenphoneme ist in jeder Sprache größer als die der Vokalphoneme. Das Verhältnis der Konsonantenphoneme zu den Vokalphonemen ist in jedem Fall größer als 1:1.

Dicht an der unteren Grenze liegen die Sprachen Norwegisch und Friesisch. Das Norwegische mit 17 Vokalphonemen und 18 Konsonantenphonemen (vgl. Næs 1965. 74ff.) – entsprechend einem Verhältnis von 1 (Vokale) : 1,06 (Konsonanten) – und das Neuwestfriesische mit 19 Vokalphonemen und 21 Konsonantenphonemen (vgl. Sjölin 1969. 52f.) – entsprechend einem Verhältnis von 1 (Vokale) : 1,11 (Konsonanten) – stellen Extremkorrelationen im europäischen Sprachendiagramm dar (vgl. auch 4.2.1.).

3. Europem: In jeder Sprache werden die theoretischen Möglichkeiten der Kombinatorik von Konsonantenphonemen maximal nur zu etwa einem Drittel ausgenutzt.

Die Gesetzmäßigkeit der Kombinatorik sei am Beispiel des Finni-

---

*) ohne Diphthonge und andere Phonemkombinationen

schen mit seinen relativ gut überschaubaren Phonemverbindungen verdeutlicht:

Konsonantenkombinationen im Finnischen

	p	t	k	s	h	l	r	m	n	v	j	d
p	pp	–	–	ps	–	–	–	–	–	–	–	–
t	–	tt	tk	ts	–	–	tr	–	–	tv	tj	–
k	–	–	kk	ks	–	–	–	–	–	–	–	–
s	–	st	sk	ss	–	–	–	–	–	sv	–	–
h	–	ht	hk	–	–	hl	hr	hm	hn	hv	hj	hd
l	lp*	lt*	lk*	ls	lh	ll	–	lm	–	lv	lj	–
r	rp*	rt*	rk*	rs	rh	–	rr	rm	rn	rv	rj	–
m	mp*	–	–	–	–	–	–	mm	–	–	–	–
n	–	nt*	nk*	ns*	nh	–	–	–	nn	–	–	–
v	–	–	–	–	–	–	–	–	–	–	–	–
j	–	–	–	–	–	–	–	–	–	–	–	–
d	–	–	–	–	–	–	–	–	–	–	–	–

Anm.: Bei den durch * gekennzeichneten Konsonantenkombinationen kann das zweite Element sowohl kurz als auch lang sein; vgl. lp* = lp und lpp, mp* = mp und mpp, usw.

Von den 144 theoretischen Möglichkeiten werden 49 tatsächlich ausgenutzt, entsprechend einem Prozentsatz von 34%. Entsprechend besitzt das Russische mit 39 Konsonantenphonemen insgesamt 1521 theoretische Möglichkeiten, von denen jedoch nur etwa (statistische Berechnung vorbehalten) 500 tatsächlich vorkommen. Für das Deutsche mit 19 Konsonantenphonemen gibt es 361 theoretische Kombinationen, von denen etwa 120 maximal ausgenutzt werden; usw.

4. *Europem:* Folgende Grundmuster von Silbenstruktur treten in allen europäischen Sprachen auf (V = Vokal, K = Konsonant):

V   K + V
V + K   K + V + K
V + K + K   K + V + K + K

Diese einfachen Grundmuster sind charakteristisch für das Finnische oder Tatarische sowie für die meisten finnisch-ugrischen und türkischen Sprachen. Das Maximalinventar der in europäischen Sprachen vorkommenden Silbenstrukturmuster ist um ein Vielfaches umfangreicher als das obige Minimalinventar (vgl. Typen von Konsonantenhäufung im Wortanlaut, z. B. dt. *Streit*, russ. *vzgljad* ›Blick‹, u. ä.).

5. Europem: Folgende Grundmuster von Morphemstruktur treten in allen europäischen Sprachen auf (R = Radikal, Basismorphem, f = Flexionsendung, d = Derivator, Ableitungsformans):
R   R + f   R + d

Lewy (1942 = 1964. 17) hatte bemerkt: »Die europäischen Sprachen sind wohl alle zu den flektierenden zu rechnen –, die ja durchaus nicht die Regel bilden.« Selbst wenn man den Begriff »flektierend« verwenden wollte, muß hier stark eingeschränkt werden. Es existiert in allen Sprachen Europas eine flektierende Komponente (lediglich rudimentär im Englischen; vgl. S. 68). Keine europäische Sprache kennt ausschließlich die drei Grundmuster, allen gemeinsam sind jedoch nur diese. Wie groß die Schwankungsbreite der einzelnen Sprachen ist, verdeutlicht ein Vergleich des obigen Grundmusters mit den Morphemstrukturen im Russischen (vgl. 4.2.2.), das die europäische Sprache mit der maximalen Morphemkombinatorik darstellt. Die obigen Beobachtungen zur Morphemstruktur enthalten nur Aussagen über das Vorkommen, nicht über die Produktivität bestimmter Strukturen, die in den einzelnen Sprachen sehr unterschiedlich ist.

6. Europem: Alle Sprachen unterscheiden Singular und Plural.

Wenn auch viele europäische Sprachen in der syntaktischen, d.h. funktionellen Differenzierung der beiden Numeri weitgehend übereinstimmen, existieren doch erhebliche Divergenzen in Teilbereichen (vgl. Zahlensyntax, 3.3.).

7. Europem: In jeder Sprache wird funktionell zwischen Nomen und Aktionsverb unterschieden.

Dies gilt nicht für das Zustandsverb. In den meisten Sprachen wird das Zustandsverb wie das Aktionsverb behandelt, in etlichen Sprachen gilt jedoch: Zustandsverb ≠ Aktionsverb (vgl. keltische, verschiedene uralische Sprachen). Zustände werden in diesen Sprachen nominal ausgedrückt. Nominale Ausdrucksweise ist auch für das Aktionsverb charakteristisch (jedoch nicht systemhaft wie beim Zustandsverb, d.h. nur in Teilbereichen); vgl. Haarmann 1976a. 119ff.

8. Europem: Alle Sprachen kennen die Kategorie *Tempus* als grammatische Zeit. Allen Sprachen gemeinsam ist die Unterscheidung von zwei Grundzeitstufen: Gegenwart/Vergangenheit (vgl. 3.2.).

Die Unterscheidung von Gegenwart und Zukunft ist nicht universell, die Grenzen zwischen Gegenwärtigem und Zukünftigem sind in einzelnen Sprachen sehr unterschiedlich und im allgemeinen nicht stabil im Gegensatz zur Differenzierung zwischen Gegenwart und Vergangenheit.

9. Europem: Die Zahl der synthetisch ausgedrückten Kasusbeziehungen liegt zwischen 0 (Minimum) und 30 (Maximum).
Der Hinweis auf das Minimum besagt, daß es Sprachen ohne synthetische Ausdrucksweise von Kasusbeziehungen gibt (vgl. Bulgarisch, Französisch, usw.). Die Zahl 30 kennzeichnet das Maximum synthetischer Kasusbeziehungen, das von keiner Sprache überschritten wird (das Ungarische kennt 27 paradigmatische Oppositionen im Nominalsystem, vgl. Haarmann 1976a. 102/103).
10. Europem: Alle Sprachen unterscheiden formal folgende Modi: Indikativ, Imperativ, Konditional.
Dieses gleichsam rudimentäre europäische Modusinventar ist ohne weitere Differenzierung im grammatischen System der meisten slavischen und finnisch-ugrischen Sprachen verankert. Die anderen Sprachen verfügen über ein formal differenzierteres Modusinventar (vgl. 4.2.2.). Funktionell kommt der Konjunktiv als syntaktische Grundbeziehung in allen Sprachen zum Ausdruck, er ist jedoch formal nicht in allen Sprachen als Systemkategorie ausgeprägt.
11. Europem: In jeder Sprache gibt es polyfunktionale Ableitungssuffixe. In keiner Sprache übersteigt die Zahl der polyfunktionalen Suffixe die der monofunktionalen Suffixe.
Das Inventar der Ableitungsformantien ist in keiner Sprache ausschließlich so aufgebaut, daß *einer* Formalstruktur jeweils *eine* spezifische Funktion entspricht. Dies ist zwar bei der Mehrzahl der Formantien der Fall, daneben gibt es aber eine bestimmte Anzahl, die polyfunktional sind. Ich verweise auf die Erläuterungen im ersten Kapitel über Polyfunktionalität sowie auf das konkrete Beispiel des russischen Suffixes – *tel'* (vgl. 1.2.).
12. Europem: Analytische und synthetische Ausdrucksweise schließen sich in keinem Teilsystem grundsätzlich aus, das heißt, sie können in jedem Teilsystem nebeneinander existieren.
Im Nominalsystem des Griechischen bilden synthetische und analytische Ausdrucksweisen die paradigmatischen Oppositionen der Kasusbeziehungen (vgl. synthetischer Akkusativ, daneben der präpositional konstruierte Genitiv, *apò* + Akk.). In den Verbsystemen der meisten europäischen Sprachen konstituieren synthetische und analytische (periphrastische) Kategorien das Paradigma der Beziehungen von Tempus, Aspekt, usw. Vgl. die periphrastischen Futurformen (3.3.) und Perfektformen (4.2.2.). Die Wechselbeziehung von Synthetismus und Analytismus in sprachlichen Systemen ist Kennzeichen der Strukturtypik verschiedener europäischer Sprachbünde (vgl. Haarmann 1976a. 77f.).
13. Europem: Die Teilsysteme einer Sprache stehen bezüglich der Umstrukturierung in der diachronischen Entwicklung von syntheti-

scher zu analytischer Ausdrucksweise in einer mittelbaren, nicht unmittelbaren Relation zueinander.

Dies bedeutet, daß Umstrukturierungen der erwähnten Art, die sich im Verlauf der sprachhistorischen Entwicklung einstellen können, das Ganzsystem einer Sprache betreffen können (vgl. Englisch), dies jedoch nicht notwendigerweise. Ich verweise auf das Bulgarische mit seiner vollständigen Umstrukturierung des Nominalsystems bei vollständiger Bewahrung des synthetischen Verbsystems. Die skizzierten Relationen könnte man inhaltlich als strukturtypische Autonomie der Teilsysteme einer Sprache interpretieren.

14. Europem: Im (stilistisch neutralen) Aussagesatz steht das Subjekt immer vor dem Objekt (unabhängig von der Stellung des Verbs).

Diese Feststellung gilt für alle Typen von Aussagesatz, d.h. für Sprachen mit einer Wortstellung vom Typ SVO (z.B. Deutsch), SOV (z.B. Baskisch) oder VSO (z.B. Kymrisch); vgl. 4.2.3.

15. Europem: Sprachen mit einer Wortstellung vom Typ VSO im (stilistisch neutralen) Aussagesatz sind solche, in denen die Systemkategorie *Verbalnomen* existiert.

Diese Feststellung ist vom Inhalt her nicht umgekehrt interpretierbar. Es gilt danach nicht, daß jede Sprache mit der Kategorie des Verbalnomens durch eine Wortstellung vom Typ VSO charakterisiert wäre, sondern nur, daß Sprachen, in denen die Wortstellung vom Typ VSO auftritt, in jedem Fall die Kategorie des Verbalnomens aufweisen.

16. Europem: In jeder Sprache ist die Intonation des Aussagesatzes eine andere als die des Fragesatzes, d.h. jede Sprache besitzt einen interrogativen Intonationstyp.

Diese Feststellung ist nicht dahingehend mißzuverstehen, daß man für jede Sprache einen gleichartigen interrogativen Intonationstyp annimmt. Universell ist lediglich, daß die Intonation im Aussagesatz von der im Fragesatz abweicht. In den europäischen Sprachen sind zwei interrogative Intonationstypen vertreten, ein steigender (z.B. Deutsch) und ein steigend-fallender (z.B. Finnisch); vgl. 4.3., Beispiel c.

4.2. Majoritäre und minoritäre Systemkategorien

Systemkategorien, die einerseits nicht universell sind (vgl. 4.1.), die andererseits nicht als singulär auftretende Isolationismen in den Sprachen Europas angesehen werden können (vgl. 4.3.), gelten als majoritär bzw. minoritär. Diese Kennzeichnung bezieht sich auf die absolute Verbreitung der betreffenden Kategorien in den Standardsprachen Europas. Die Differenzierung zwischen universellen und majoritären Systemkategorien ist naturgemäß leichter als die zwischen minoritären Systemkategorien und Isolationismen. Letztere werden aus Gründen der Übersichtlichkeit gesondert behandelt. Von den minoritären Systemkategorien unterscheiden sich die Isolationismen durch ihre extrem geringe Verbreitung (Ausprägung in einer, in zwei oder höchstens drei Sprachen Europas). Nach dieser Definition ist beispielsweise die Polytonie (s. u.) eine minoritäre Kategorie und kein Isolationismus im Sprachendiagramm Europas. Die Verteilung majoritärer und minoritärer Systemkategorien in den Sprachen Europas sei – nach Teilsystemen gruppiert – in ihren Grundzügen skizziert.

4.2.1. Phonologische Eigenschaften

Die Zahl der Phoneme in den Sprachen Europas schwankt stark. Die durchschnittliche Phonemzahl liegt zwischen 30 und 35 Grundphonemen. Das Litauische (57 Phoneme) gehört zu den Sprachen mit großer Phonemzahl, das Spanische (24 Phoneme) zu denen mit geringer Phonemzahl. Diese Aussagen beziehen sich selbstverständlich nur auf das Sprachendiagramm Europas. Lehfeldt (1975) teilt die natürlichen Sprachen in drei Klassen ein (s. u.). Seine Untersuchung stützt sich auf die Analyse der segmentalen Phoneme von 600 Sprachen. Die Sprachen Europas lassen sich danach folgenden Klassen zuordnen:

Klasse A (Sprachen mit signifikant hoher Phonemzahl): vgl. Litauisch, Weißrussisch, Irisch, usw.
Klasse B (Sprachen mit signifikant niedriger Phonemzahl): –
Klasse C (Sprachen mit ›normaler‹ Phonemzahl): vgl. Bulgarisch, Finnisch, Französisch, Sorbisch, Tatarisch, Maltesisch, Russisch, usw.

Nach dieser Klassifizierung gehören die meisten Sprachen Europas zur Klasse C und repräsentieren somit eine Art Normaltyp. Das Zahlenverhältnis von Vokalphonemen zu Konsonantenphonemen ist in den Sprachen Europas ebenfalls sehr unterschiedlich. Im Vergleich zu einem Durchschnittsverhältnis von 1:3 sind extreme Abweichungen wie beispielsweise ein Verhältnis von 1:1,1 (vgl. Norwegisch) oder von 1:7,6 (vgl. Kildin-Lappisch) relativ selten. Schwankungsbreiten des Verhältnisses zwischen 1:2 und 1:4 können als europäischer Normaltyp angesehen werden. Eine Verringerung des Verhältnisses von 1:2 sowie eine Erweiterung des Verhältnisses von 1:4 trifft nur auf eine begrenzte Zahl europäischer Sprachen zu; vgl.:

Verhältnis	Sprachen
bis 1:2	Französisch (1:1,34), Portugiesisch (1:1,6), Deutsch (1:1,3), Finnisch (1:1,6), usw.
1:2 bis 1:4	Englisch (1:2) Rumänisch (1:2,9), Spanisch (1:3,8), Litauisch (1:3,75), Katalanisch (1:2,7), Tatarisch (1:2,4), Occitanisch (1:2,6), usw.
mehr als 1:4	Russisch (1:7,8), Bulgarisch (1:6,3), Albanisch (1:4,3), Moldauisch (1:5,3), usw.

Die Gesamtzahl der Phoneme und das Verhältnis von Vokalphonemen zu Konsonantenphonemen sind zwei grundsätzlich verschiedene Kriterien. Nach der Anzahl der Phoneme stellt das Litauische einen besonderen Typ dar (vgl. Klasse A), nach dem Verhältnis von Vokalphonemen zu Konsonantenphonemen repräsentiert es dagegen einen Normaltyp. Umgekehrt verhält es sich beim Deutschen, das mit 34 Phonemen den europäischen Normaltyp repräsentiert (vgl. Klasse C), mit einem Verhältnis von 1:1,3 dagegen einen Extremtyp darstellt.

Die Anzahl der Phoneme ist in den Sprachen Osteuropas im Durchschnitt größer als in den Sprachen Westeuropas. Dies hängt zusammen mit der Palatalitätskorrelation (vgl. /p/ neben /p'/, /l/ neben /l'/, usw.), einer typischen Erscheinung der eurasischen Sprachen (vgl. Haarmann 1976a. 128ff.).

Es gibt mehr Sprachen in Europa, in deren Phoneminventar die Labialvokale der mittleren Reihe (vgl. /ö/, /ü/, /ä/) fehlen als solche, in denen sie als Phoneme auftreten. Zur ersten Gruppe gehören Sprachen wie das Spanische, Kymrische, Russische, Bulgarische, Italienische, usw., zur zweiten sind Sprachen zu zählen wie das Französische, Albanische, Finnische, Tatarische, Syrjänische, Norwegische, usw. Die Illabialvokale der mittleren Reihe (vgl. /y/ und /ə/) treten als Phoneme vor allem in ost- und südosteuropäischen Sprachen auf. Beide Phoneme sind vorhanden im Albanischen, Rumänischen, Syrjänischen, Votjakischen, usw. Zumeist treten sie einzeln auf. Das Phonem /ə/ ist vergleichsweise weiter verbreitet als /y/, u. zw. ist es Bestandteil des Phoneminventars folgender Sprachen: Deutsch, Estnisch, Votisch, Livisch, Čeremissisch, Čuvašisch, Tatarisch, usw. Im Russischen sind /y/ und /i/ kombinatorische Variante, u. zw. in folgender Position:

nichtpalatalisierter Konsonant + /y/   z. B. *byt'* [byt'] ›sein‹
palatalisierter Konsonant + /i/   z. B. *bit'* [b'it'] ›schlagen‹.

Es gibt in Europa mehr Sprachen mit vokalischen Phonemkombinationen (Diphthonge, Triphthonge) als solche, in denen sie fehlen (z. B. Bulgarisch, Russisch, usw.). Während die meisten Sprachen

Diphthonge kennen, sind Triphthonge selten (vgl. Rumänisch, Moldauisch). Sprachen mit differenziertem Vokalismus weisen im allgemeinen mehr Diphthonge auf als Sprachen mit einfachem Vokalismus. Dies trifft zu auf Sprachen wie Litauisch (12 Vokalphoneme), Rumänisch (7), Portugiesisch (12), usw. Als Ausnahme gilt das Französische (15 Vokalphoneme), das keine Diphthonge kennt (statt dessen verschiedene Verbindungen mit Halbkonsonanten). Nasalvokale sind im Phonembestand der heutigen europäischen Schriftsprachen selten (vgl. Französisch, Portugiesisch, Polnisch), ihr Vorkommen könnte als Isolationismus angesehen werden.
Die Skala der Konsonantenphoneme ist breit ausgefächert, stark unterschiedlich ist außerdem die Verbreitung einzelner Phoneme. Es kann hier nicht Gegenstand der Ausführungen sein, die Strukturierung des Phonemsystems der Sprachen Europas im Hinblick auf die verschiedenartigsten Konsonantenoppositionen zu inventarisieren. Diese Arbeit könnte erst geleistet werden, wenn alle Sprachen Europas nach einem einheitlichen Raster analysiert worden sind (vgl. 2.3.). Eine derartige Synthese müßte bis dahin Stückwerk bleiben und soll daher auch hier nicht angestrebt werden. Lediglich ein paar grundsätzliche Bemerkungen im Rahmen der Verbreitung von majoritäten und minoritären Systemeinheiten sollen die Spannbreite der Skala illustrieren. Folgende Phoneme zeigen deutlich majoritäre Verbreitung, sind jedoch keine Europeme:

/d/ — fehl im Čeremissischen
kommt im Čuvašischen nur in russischen Lehnwörtern vor
Der stimmhafte Konsonant /d/ ist im Finnischen – sprachhistorisch gesehen – eine sekundäre Entwicklung, die bis heute nur in Lehnwörtern und in der sogenannten »schwachen Stufe« des Stufenwechsels (vgl. Haarmann 1976a. 146) vorkommt. Ähnliches gilt für andere finnisch-ugrische Sprachen im europäischen Teil der Sowjetunion.

/g/ — fehlt im Čeremissischen und im Finnischen
vgl. Čuvašisch (s. o.)

/b/ — vgl. Čuvašisch (s. o.), im Finnischen nur in Lehnwörtern
(z. B. *bussi* ›Bus‹)

/f/ — fehlt im Baskischen
kommt im Syrjänischen, Votjakischen, Karelischen und Kalmykischen nur in neueren russischen Lehnwörtern vor

/v/ — fehlt im Spanischen; [ß], [b] sind kombinatorische Varianten
fehlt im Occitanischen (Languedokisch); im Gascognischen existiert /w/, das im Gegensatz zum labiodentalen /v/ bilabial ist
fehlt im Baskischen

Die meisten majoritären sowie minoritären Konsonantenphoneme treten ohne erkennbare genetisch und/oder areal bedingte Einschränkungen auf. Einige Beispiele sollen dies veranschaulichen:

/š/ – z. B. Portugiesisch, Deutsch, Russisch, Mokša-Mordvinisch, Tatarisch, usw.

/ž/ – z. B. Französisch, Russisch, Votjakisch, usw.

/X/ – z. B. Niederländisch, Russisch, Kymrisch, Spanisch, usw.

/X/ – tritt im Deutschen in den kombinatorischen Varianten [x] und [ç] auf

/Θ/ – z. B. Englisch, Kymrisch, Spanisch, Griechisch, usw.

Affrikatae verschiedenster Ausprägung gehören zum Phoneminventar von Sprachen wie dem Portugiesischen, Deutschen, Griechischen, Lappischen, Baškirischen, Russischen, usw.

Bei einer Anzahl von Phonemen kann man eine areale Beschränkung ihres Vorkommens feststellen. Zumeist lassen sich diese Beobachtungen nur als negative Aussage über ihre Verbreitung (bzw. Aussage über eine fehlende Verbreitung) formulieren, selten in Form einer positiven Aussage über eine Verbreitungsdichte. Ich erinnere an die Feststellung, daß die Illabialvokale der mittleren Reihe in ost- und südosteuropäischen Sprachen als Phoneme vertreten sind. Dies sagt etwas über ein Fehlen in mittel- und westeuropäischen Sprachen aus, nichts jedoch über die Verbreitungsdichte (Häufigkeit des Vorkommens) in den Sprachen Osteuropas. Ähnlich verhält es sich mit Beobachtungen zum Konsonantismus.

/h/ – z.B. Kymrisch, Deutsch, Tschechisch, Moldauisch, Finnisch, usw.
(außer im Rumänischen/Moldauischen ist /h/ in den romanischen Sprachen nicht existent; das sogenannte »h aspiré« des Französischen gilt als Phonem Konsonant Null, Klein 1973. 124)

/j/ – z.B. Deutsch, Tschechisch, usw. (außer im Französischen in den roman. Spr. nicht existent)

Im Gegensatz dazu läßt sich die areale Beschränkung bzw. die Verbreitung der Palatalitätskorrelation nicht allein als Aussage über ein fehlendes Vorkommen, sondern auch als solche über ihre Verbreitungsdichte formulieren. Die Phonemoppositionen von nichtpalatalisiertem und palatalisiertem Konsonant (vgl. /l/ neben /l'/, usw.) sind charakteristisch für die eurasischen Sprachen und treten dort regelmäßig auf. Außerhalb des eurasischen Sprachbundes ist die Palatalitätskorrelation aus dem Litauischen und Irischen bekannt (vgl. Haarmann 1976a. 148).

Das Inventar der Vokalphoneme zeigt im Französischen mit seinen 15 Systemeinheiten (nach Auffassung der Maximalisten) seine ma-

ximalste Differenzierung im europäischen Sprachendiagramm, wenn man das Inventar mit dem Bestand des europäischen Minimalsystems vergleicht (vgl. S. 36). Diese Erweiterung des Minimalsystems um das Dreifache ist in ihren Dimensionen nicht mit der Differenzierung des Inventars der Konsonantenphoneme in den Sprachen Europas zu vergleichen. Hier treten Erweiterungen um das Vier- und auch Fünffache im Vergleich zum Minimalsystem mit seinen zehn bzw. zwölf Einheiten auf. Die nach meiner Kenntnis maximalste Differenzierung des Konsonantensystems weist das Kildin-Lappische auf, dessen Phoneminventar bei Kert (1971. 63) zusammengestellt ist. Wenn man bedenkt, daß Kürze bzw. Länge der Konsonanten (mit Ausnahme einiger Affrikatae) phonologisch relevant sind, steigt die Zahl der Konsonantenphoneme im Kildin-Lappischen auf fast 100 an (vgl. Übersicht bei Haarmann 1976a. 131).
Die Quantitätenkorrelation strukturiert (entweder teilweise oder auch vollständig) das Phonemsystem zahlreicher Sprachen Europas. Hinsichtlich der phonematischen Relevanz von Quantitäten (vgl. Oppositionen wie kurzer/langer Vokal, kurzer/langer Konsonant) lassen sich die Sprachen Europas grundsätzlich in zwei Gruppen einteilen, in solche ohne Quantitätenkorrelation und in solche mit einer zweigliedrigen Opposition (die dreigliedrige Korrelation ist in Europa ein Isolationismus, vgl. 4.3.). Im Spanischen, Französischen, Kymrischen, Rumänischen, Russischen, Tatarischen usw. sind Quantitätenunterschiede bei Vokalen und Konsonanten phonologisch nicht relevant. Wenn beispielsweise im Französischen oder Russischen Vokale in der Tonstelle gelängt werden (im Gegensatz zur regelmäßigen Kürzung in unbetonten Silben), so hängt dies mit der Betonung zusammen. In den genannten Sprachen stehen jedoch keine kurzen und langen Vokale (sei es in betonter oder in unbetonter Stellung) in phonologischer Opposition. Dies ist jedoch der Fall in Sprachen wie dem Deutschen, Finnischen, Ungarischen usw. (vgl. im Deutschen z.B. die Opposition von /i/ und /i:/ in *bitten/bieten*). Quantitätenkorrelation der Konsonanten existiert im Finnischen, Ungarischen, Lappischen usw. Nach der Art der Strukturierung des Phonemsystems durch die Quantitätenkorrelation kann man die Sprachen Europas in drei Klassen einteilen, u. zw.:
A) Vokalismus (+), Konsonantismus (−)
　z.B. Deutsch, Tschechisch, Slovakisch, u.a.
B) Vokalismus (+), Konsonantismus (+)
　z.B. Finnisch, Ungarisch, Lappisch, u.a.
C) Vokalismus (−), Konsonantismus (+)
　z.B. Italienisch, u.a.
Die Kombinatorik der Vokalphoneme im Wort ist in den meisten

Sprachen Europas nach einem der folgenden Strukturmerkmale organisiert: Umlaut oder Vokalharmonie. Umlauterscheinungen sind bestens aus dem Deutschen (z. B. *Baum/Bäume, Stunde/stündlich, verachten/verächtlich*, usw.) und aus den anderen germanischen Sprachen bekannt. Die Kombinatorik der Vokalphoneme ist nach dem Umlaut als organisatorischem Prinzip ebenfalls in folgenden Sprachen determiniert: keltische Sprachen, Tschechisch, Lappisch (wahrscheinlich durch germanischen Einfluß), usw. Auch in den Balkansprachen sind Umlautphänomene verbreitet (vgl. Haarmann 1976a. 81). In den meisten romanischen Sprachen ist der Umlaut Organisationsprinzip in der frühen Entwicklungsphase (Altromanisch) gewesen und ist im Portugiesischen, Rumänischen und italienischen Dialekten als solches bis heute ein produktives Strukturmerkmal geblieben (vgl. zu den ›Harmonisierungen‹ in den romanischen Sprachen Lausberg 1963. 167ff.). Aus einer keltischen Sprache, dem Kymrischen, seien noch einige Beispiele von produktivem Umlaut als Organisationsprinzip der Pluralbildung (dem Deutschen vergleichbar) genannt (die Beispiele repräsentieren jeweils eine bestimmte Flexionsklasse):

Sg.		Pl.
braich	›Arm‹	*breichiau*
ffordd	›Straße‹	*ffyrdd*
collen	›Haselstrauch‹	*cyll*
miaren	›Brombeerenbusch‹	*mieri*

Beim Umlaut handelt es sich um eine Kontakt- oder Fernassimilation, das Wort wird dabei von hinten nach vorn strukturiert (regressive Assimilation bzw. Harmonisierung). Das umgekehrte Prinzip (d. h. Strukturierung des Wortes von vorn nach hinten = progressive Assimilation bzw. Harmonisierung) stellt die Vokalharmonie dar, deren Wirksamkeit am Beispiel des *Finnischen* veranschaulicht werden soll; vgl. folgende schematische Übersicht:

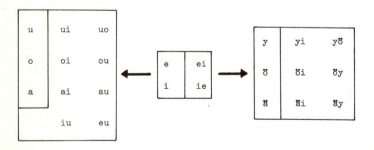

Grundsätzlich gibt es kein Wort im Finnischen, in dem /u/ neben /y/, /a/ neben /ö/, /au/ neben /öi/ usw. erscheinen würde. Die Vokale bzw. Vokalkombinationen (Diphthonge) im linken Kasten bilden nach der Vokalharmonie eine Abteilung, die im rechten Kasten eine andere. Tritt in einem finnischen Wort ein /o/ in der ersten Silbe auf, können in den übrigen Silben nur Vokale bzw. Vokalkombinationen derselben Abteilung erscheinen. Gleiches gilt für die andere Abteilung. /e/, /i/, /ei/ und /ie/ nehmen eine Sonderstellung ein, da sie im Wort mit Vokalen aus beiden Abteilungen auftreten können; vgl.:

1. Abteilung	2. Abteilung	Verbindungen mit /e/, /i/, /ei/, /ie/
joulu	*yöllä*	*joki*
nuha	*köyhä*	*reipas*
vuokko	*työtä*	*hieno*
laitaa	*käydä*	*pääsen*
voida	*täytäntö*	*töihin*
muistaa	*ryijy*	*hyvin*

Die Vokale und Diphthonge der mittleren Abteilung treten ebenfalls gemeinsam auf, vgl. *perkele, vesi, veljet*, usw. Die meisten Ableitungsformantien treten paarig auf, u. zw. im Vokalismus der einen oder anderen Abteilung; vgl. *-lla/-llä*, *autolla* neben *pöydällä*, usw. Vokalharmonie ist für die finnisch-ugrischen, türkischen sowie mongolischen Sprachen (einziger Vertreter der letzteren Gruppe in Europa ist das Kalmykische) charakteristisch. Es werden drei qualitative Typen von Vokalharmonie unterschieden: 1. Opposition von palatalen und velaren Vokalen (vgl. Finnisch), 2. Opposition von labialen und illabialen Vokalen (vgl. Tatarisch), 3. Opposition von gutturalen und synharmonischen Vokalen (vgl. Kalmykisch).

Die Akzentverhältnisse sind in den Sprachen Europas recht unterschiedlich. Mit Bezug auf den Hauptakzent gilt es drei Kriterien zu berücksichtigen: 1. Tonverlaufkorrelation, 2. Tonstellenkorrelation, 3. Tonstufenkorrelation. Die Identifizierung der Tonverlaufkorrelation und der Tonstufenkorrelation als wichtige Elemente des Wortakzents ist Jakobson zu verdanken:

»Unter dem Gesichtspunkte der Silbe dürfen zwei solche Gegensätze [d.h. steigende und fallende Betonung] sowie jedwede phonologischen Unterschiede in der Stelle des Betonungsgipfels oder in seinem Umfange als Tonverlaufkorrelationen bezeichnet werden. Den phonologischen Gegensatz ›Betonung – Unbetontheit‹ nennen wir Tonstufenkorrelation. Eine Sprache mit Tonverlaufkorrelation (oder -korrelationen) ist polytonisch. Ist dagegen der Bau der Betonung in einer Sprache phonologisch homogen, so sprechen wir von Monotonie. Die Stellung der Tonstufenkorrelation und ihre Beziehung zu den anderen Bestandteilen des phonologischen Systems ist sehr verschieden, je nachdem es sich um eine polytonische oder monotonische Sprache handelt« (Jakobson 1931. 169).

Polyton sind nach dieser Definition nur wenige Sprachen Europas, u. zw. das Serbokroatische, das Litauische (vgl. Erläuterungen bei Stepanov 1975. 99) sowie die Sprachen des Baltischen Bundes (Lettisch, Estnisch, usw.; vgl. Haarmann 1976a. 110f.). Die Frage, ob die Polytonie im Estnischen, Livischen und Votischen ein selbständiges Strukturmerkmal ist oder sich funktionell der Tonbruchkorrelation nähert, ist nicht geklärt (vgl. Jakobson 1931. 171f.). Zur Veranschaulichung des Phänomens der Polytonie skizziere ich die Verhältnisse der Tonverlaufkorrelation in der serbokroatischen Schriftsprache.

Das Serbokroatische unterscheidet zwei Tonhöhenverläufe. Die zweigliedrige Tonverlaufkorrelation ist auch für die anderen genannten Sprachen typisch (vgl. dagegen das Chinesische mit seiner viergliedrigen Korrelation). Die Tonhöhenverläufe sind im Serbokroatischen mit der Quantitätenkorrelation der Vokalphoneme verknüpft, sodaß sich folgendes Schema ergibt:

(´) = lang-steigend
(`) = kurz-steigend   } Typ I: steigender Akzent
(^) = lang-fallend
(˝) = kurz-fallend bzw. } Typ II: fallender Akzent
       kurz-neutral

Der Tonverlauf jedes einzelnen Akzents soll am Beispiel der Wörter *žena* ›Frau‹ und *selo* ›Dorf‹ veranschaulicht werden (vgl. Hamm 1967. 31):

žèna (nom.sg.):   Tonverlauf   že^{ena}

žénā (gen.pl.):   Tonverlauf   že$^{e^{een^{a}a}}{}_a$

žȅno! (vok.sg.):   Tonverlauf   ž$^{en}{}_o$

sèlo (nom.-akk-sg.):   Tonverlauf   se^{elo}

sêlā (gen.pl.):   Tonverlauf   s^{e}e$_{e_{el}aaa}$

Der Akzent besitzt in phonologischer und morphosyntaktischer Hinsicht distinktive Funktion. Außer den obigen Beispielen, die den morphosyntaktischen Wert des Akzents illustrieren, seien im folgenden einige Minimalpaare zur Veranschaulichung der phonologischen Relevanz der Betonungstypen nebeneinandergestellt:

pȁs ›Hund‹   *lȕk* ›Zwiebel‹
pâs ›Gürtel‹   *lûk* ›Bogen‹

šljȋva ›Pflaume‹ prègledati ›durchsehen‹
šljíva ›Pflaumenbranntwein‹ preglédati ›kontrollieren‹
sèlo ›Dorf (Nom./Akk. Sg.)‹ pôđe ›er macht sich auf den Weg‹
sȅlo ›Dorf (Vok. Sg.) póđe ›er machte sich auf den Weg‹

Die Minimalpaare *selo* und *pođe* demonstrieren, daß der Akzent nicht nur ein zusätzliches Unterscheidungskriterium in der Morphosyntax darstellt (vgl. die Beispiele zur Veranschaulichung des Tonverlaufs), sondern daß er paradigmatische Oppositionen allein strukturieren kann.

Die Tonstellenkorrelation bezieht sich auf die Akzentstelle, wobei im folgenden lediglich zwischen mobilem Akzent (Wechsel des Akzents; dieser liegt nicht auf einer bestimmten Silbe) und nichtmobilem (= stabilem) Akzent (der Akzent liegt regelmäßig auf einer bestimmten Silbe) unterschieden werden soll. Die Tonstufenkorrelation ist ein Kriterium, das den Grad der Betonung, d.h. die Betonungsintensität im Verhältnis zwischen der Tonsilbe und den Nebentonsilben betrifft. Nach diesem Kriterium lassen sich die Sprachen einteilen in solche, die keinen Unterschied zwischen betonter und nicht betonter Silbe machen (volltönig-nichtreduzierende Sprachen, z.B. Finnisch) und solche, die die Nebentonsilben im Gegensatz zu den Tonsilben in der Aussprache regelmäßig reduzieren (nichtvolltönig-reduzierende Sprachen, z.B. Deutsch). Das Finnische ist durch einen Verteilungsakzent (non-peak-accent), das Deutsche durch einen kumulativen Akzent (peak-accent) charakterisiert.

Berücksichtigt man die Verknüpfung der drei genannten Kriterien in ihren wechselseitigen Relationen, lassen sich die Sprachen theoretisch nach acht Akzenttypen klassifizieren. Das europäische Sprachendiagramm liefert jedoch nicht für alle Positionen des folgenden Klassifikationsschemas der Akzenttypen Beispiele: auf S. XX).

1. Tonverlauf: *monoton*
   Tonstelle: *stabil*
   Tonstufe: *reduzierend*
   vgl. Deutsch, Katalanisch, Portugiesisch, usw.
2. Tonverlauf: *monoton*
   Tonstelle: *stabil*
   Tonstufe: *nicht reduzierend*
   vgl. Finnisch, Tschechisch, Spanisch, Französisch, usw.
3. Tonverlauf: *monoton*
   Tonstelle: *mobil*
   Tonstufe: *reduzierend*
   vgl. Russisch

4. Tonverlauf: *monoton*
   Tonstelle: *mobil*
   Tonstufe: *nicht reduzierend*
   vgl. Griechisch
5. Tonverlauf: *polyton*
   Tonstelle: *stabil*
   Tonstufe: *reduzierend*
   vgl. Lettisch
6. Tonverlauf: *polyton*
   Tonstelle: *stabil*
   Tonstufe: *nicht reduzierend*
   –
7. Tonverlauf: *polyton*
   Tonstelle: *mobil*
   Tonstufe: *reduzierend*
   –
8. Tonverlauf: *polyton*
   Tonstelle: *mobil*
   Tonstufe: *nicht reduzierend*
   vgl. Litauisch, Serbokroatisch

In Abschnitt 4.1. wurde auf die Kombinationsmöglichkeiten von Vokalen und Konsonanten in der Silbenstruktur europäischer Sprachen hingewiesen, die als Europeme zu gelten haben. Die meisten Sprachen Europas weisen weitaus komplexere Kombinationen auf als die »europäische Minimalkombinatorik«. In Sprachen, in denen Konsonantengruppen unterschiedlicher Komplexität auftreten, ist die Lautkombinatorik zur Strukturierung der Silbe(n) entsprechend differenziert. Im Deutschen und Russischen (Sprachen mit einer differenzierten Lautkombinatorik) ist die Anzahl der Silbenstrukturtypen wesentlich größer als im Italienischen und Ungarischen (Sprachen mit wenig ausgeprägter Lautkombinatorik).
Während die Silbenstruktur im wesentlichen nur Auskunft über die Lautkombinatorik einer Sprache gibt, enthalten Aussagen über die Wortlänge (bezüglich des Kriteriums der Silben*zahl*) wichtige Hinweise über synthetische bzw. analytische Ausdrucksweisen im morphosyntaktischen Bereich, über die Produktivkräfte in der Wortbildung (Suffigierung, Präfigierung, Zusammensetzung), usw. Analysen über die Silbenlänge von Wörtern in einer Sprache berühren dementsprechend ebenso den lautlichen wie den morphologischen Bereich. Nach einer statistischen Untersuchung von Menzerath (1954) über die Silbenlänge deutscher Wörter ergibt sich, daß im Deutschen dreisilbige Wörter am häufigsten sind, dann zweisilbige. Häufiger noch als einsilbige Wörter sind viersilbige; vgl. (Frequenz wurde nach den Angaben bei Menzerath 1954. 96 berechnet):

Anzahl der Silben im Wort	Frequenz (bezogen auf einen Korpus von insgesamt 20 453 Wörter)
3	34,13% (bzw. 6979 Wörter)
2	31,28% (bzw. 6396 Wörter)
4	17,8% (bzw. 3640 Wörter)
1	10,98% (bzw. 2245 Wörter)
5	4,5% (bzw. 920 Wörter)

Für Sprachen wie das Finnische oder Russische dürften sich vergleichbare Konstellationen ergeben. In Sprachen wie dem Englischen, Französischen oder Kymrischen sind dreisilbige Wörter garantiert nicht häufiger als zweisilbige, dies ist bedingt durch die spezifischen Eigenarten der morphologischen Wortstruktur. Zur Position 1.14. (Systemhafte Allomorphie mit Bezug auf den Wortinlaut) des Rastermodells eines sprachlichen Ganzsystems (vgl. 2.3.) sei als Beispiel das Finnische angeführt, dessen Silbenstruktur (bezogen auf den Konsonantismus des Wortinlauts) im Rahmen des sogenannten Stufenwechsels systemhafte Allomorphie aufweist. Je nach dem, ob die Auslautsilbe geschlossen oder offen ist, tritt eine spezifische Silbenstrukturvariante im Wortinlaut auf (vgl. *katto* ›Dach (Nom.)‹, Wortinlaut tt bei offener Auslautsilbe, *katon* ›des Daches (Gen.)‹, Wortinlaut t bei geschlossener Auslautsilbe). Im Finnischen gibt es neun Grundtypen des Stufenwechsels (Näheres vgl. Haarmann 1976a. 146ff.).

Nach der Art und Weise, wie die Wörter in phonetischer Hinsicht in das Syntagma eingebettet werden, lassen sich die Sprachen Europas in zwei große Gruppen einteilen, in solche, die dazu tendieren, die Wortgrenzen im Syntagma in unterschiedlicher Intensität aufzulösen (Monopol des Syntagmas), zum anderen in solche, die eine deutliche Tendenz zur Beibehaltung der Wortgrenzen auch im Syntagma kennzeichnet (Monopol des Wortes). Die Metaphern vom Monopol des Syntagmas einerseits, vom Monopol des Wortes andererseits können als solche nur Idealtypen signalisieren, die es nicht gibt. Allerdings lassen sich in den einzelnen Sprachen klar ausgeprägte Tendenzen erkennen, die in Richtung des einen oder anderen Extrems gehen. Sprachen mit der Tendenz, die Wortgrenzen im Syntagma aufzulösen, sind solche, in denen liaison-Phänomene regelmäßig auftreten (vgl. Französisch, Englisch, usw.). Bei der (phonetischen) Auflösung der Wortgrenzen treten die Endsilben der Wörter in eine Position, als ob sie im Innern eines Wortes stünden. Es ergeben sich dabei Assimilationen der verschiedensten Art, Kontaminationen und Elisionen, wenn Konsonanten und Vokale in wechselseitigen Kontakt treten. Vgl. einige ausgewählte Beispiele:

frz.   *les autos*   [le:zoto:]   (s steht intervokalisch) *les femmes* [le:fam] (s steht in der Position vor einem Konsonanten und wird daher nicht gesprochen)

Das obige Beispiel veranschaulicht das Phänomen der Allomorphie als Phänomen der Syntagmaphonologie (vgl. 2.3.). Das graphische Zeichen v repräsentiert im Spanischen nicht ein Phonem /v/, das inexistent ist, sondern kombinatorische Varianten von /b/, nämlich [b] und [ß]. Im Syntagma läßt sich der kombinatorische Wechsel ebenso feststellen wie im Wortinneren; vgl.:

span. *en verde* [emberde] (in der Position K + v wird [b] realisiert, n assimiliert zu m)

para ver [paraßer] (in intervokalischer Position wird [ß] realisiert)

In einigen Sprachen mit Tendenzen zum Syntagmamonopol sind liaison-Phänomene sogar phonologisch distinktiv; vgl.:

frz. *les zéros* [le:zero:] ›die Nullen‹

les héros [le:'ero:] ›die Helden‹

Das »h aspiré« gilt als Phonem Konsonant Null und blockiert die Bindung.

Systemhafte Veränderungen der Silbenstruktur des Wortes (d. h. systemhafte Allomorphie) im Syntagma sind kennzeichnend für die keltischen Sprachen. Im Kymrischen beispielsweise gibt es drei Typen von Anlautvariationen als Phänomen der Syntagmaphonologie, die als *soft mutation, nasal mutation* und *spirant mutation* bezeichnet werden (Näheres vgl. Haarmann 1970b. 148ff., Haarmann 1976a. 141ff.).

Je nach der satzphonetischen Umgebung treten also kymrische Lexeme im Syntagma in unterschiedlichen Allomorphen auf, z.B.:

Lexikoneintragung: *Cymru* ›Wales‹

Allomorphe im Syntagma: a) *Cymru*
b) *Gymru*
c) *Nghymru*
d) *Chymru*

In romanischen Standardsprachen lassen sich derartige systemhafte Veränderungen des Wortes im Syntagma nicht nachweisen, wohl aber in verschiedenen Dialekten (vgl. Weinrich 1958. 105 ff.). In den keltischen Sprachen ist das Monopol des Syntagmas als Prinzip dem theoretischen Extrem am stärksten angenähert.

Repräsentative Beispiele für Sprachen, in denen das Prinzip des Wortmonopols sich dem theoretischen Extrem am stärksten annähert, stellen das Finnische und das Hochdeutsche mit seiner dem Bühnendeutsch angepaßten Aussprache dar. Das von T. Siebs propagierte Bühnendeutsch, für das das Fehlen jeglicher Bindung im Syntagma charakteristisch ist, ist allerdings ein normatives Konstrukt. Außer dem Deutschen gehören zu den Sprachen mit Wortmonopol das Niederländische sowie die slavischen Sprachen mit Ausnahme des Ukrainischen, das Finnische, usw. Charakteristisch für die Sprachen mit Wortmonopol ist, daß die Auslautverhärtung (bzw. Sonorsperre) in der phonetischen Realisation des Syntagmas nicht aufgehoben wird, sondern konsequent in jeder Position erhalten bleibt; vgl.:

dt. *der Hund ist gelaufen* [... hunt ist ...]
russ. *padež i čislo* [pad'eš i čislo]

Soweit Auslautverhärtung in Sprachen mit Syntagmamonopol auftritt, wird sie – je nach der Position des Wortes – alternativ aufgehoben oder aufrecht erhalten (vgl. Französisch). Typisch für Sprachen ohne Bindung (liaison) ist das Auftreten des Knacklauts (glottal stop); vgl. am Wortanfang im Deutschen und Dänischen, am Wortende im Finnischen.

4.2.2. Morphologische Eigenschaften

Die morphematische Struktur der Wörter ist in den einzelnen Sprachen sehr unterschiedlich. Wenn auch die statistische Analyse der Silbenlänge von Wörtern (Segmentierung von Lautgruppierungen) andere Werte vermittelt als die Analyse der Morphemstruktur von Wörtern (Segmentierung von Sinneinheiten als freie und gebundene Morpheme), weichen diese zwar voneinander ab, dokumentieren jedoch gemeinsam eine bestimmte Größenordnung von Konstellationen. Dies bedeutet, daß in einer Sprache wie dem Deutschen, in dem drei- und zweisilbige Wörter die häufigsten sind, selbstverständlich auch die Morphemstruktur der Wörter am häufigsten eine zwei- bzw. dreigliedrige Kette zeigt, wenn auch die statistischen Mittelwerte schwanken können. Meßdaten über die Silbenlänge sowie die Morphemstruktur stehen in einer direkten Relation zueinander. An Beispielen wie dt. *Bedarfslosigkeit* oder *Zauberkünstler* kann veranschaulicht werden, daß die Analyse der Silbenlänge eines Wortes andere Einheiten segmentiert als die Analyse der Morphemstruktur, daß außerdem auch die Zahl der segmentierten Einheiten unterschiedlich sein kann; vgl.:

Silben-	Be/darfs/lo/sig/keit	Zau/ber/künst/ler
struktur	(5 segmentale Einheiten)	(4 segmentale Einheiten)
Morphem-	Bedarf/s/los/ig/keit	Zauber/künst/ler
struktur	(5 segmentale Einheiten)	(3 segmentale Einheiten)

Entsprechend der Produktivität gebundener Morpheme und deren

Kombinatorik in Verbindung mit freien Morphemen ergeben sich in den einzelnen Sprachen unterschiedliche Morphemstrukturen, die jeweils die Typik des grammatischen Baus repräsentieren. Um die Schwankungsbreite zu verdeutlichen, die im europäischen Sprachendiagramm zu beobachten ist, sei der in 4.1. erwähnten »europäischen Minimalstruktur« die »europäische Maximalstruktur« gegenübergestellt. Diese Maximalstruktur repräsentiert das Russische, dessen Morphemkombinatorik als die differenzierteste aller Sprachen Europas angesehen werden kann (vgl. Übersicht nach Panov 1966. 69f.).

Typ	Morphemstruktur	Beispiel
1.	R:	pal'to
	dR:	posle-zavtra
	dddR:	ne-ot-kuda ⌒
2.	Rd:	večer-om
	Rdd:	kalač-ik-om ⌒
	dRd:	na-levo ⌒
3.	Rf:	nes-ti
	Rff:	nes-ušč-ij
	dRf:	pere-nes-ti
	dRff:	pere-nes-l-i ⌒
	ddRf:	po-pere-nes-ti ⌒
	ddRff:	po-pere-nes-l-i ⌒
4.	Rdf:	ris-ova-t'
	Rdff:	ris-ova-l-i ⌒
	Rddf:	krjuč-nič-a-t'
	Rddff:	krjuč-nič-a-l-i ⌒
	Rdddf:	sud-ej-stv-ova-t'
	Rdddff:	sud-ej-stv-ova-l-i ⌒
5.	dRdf:	na-ris-ova-t'
	dRdff:	na-ris-ova-l-i ⌒
	dRddf:	ot-krjuč-nič-a-t'
	dRddff:	ot-krjuč-nič-a-l-i ⌒
6.	ddRdf:	po-na-ris-ova-t' ⌒
	ddRdff:	po-na-ris-ova-l-i ⌒
	ddRddf:	po-na-baryš-nič-a-t' ⌒
	ddRddff:	po-na-baryš-nič-a-l-i ⌒
	dddRdf:	po-na-vy-derg-iva-t' ⌒
	dddRdff:	po-na-vy-derg-iva-l-i ⌒
7.	RRf:	ruk-(o)-plešč-u
	RRdf:	ruk-(o)-plesk-a-t'
	usw.	usw.

Zeichenerklärung:
R – Radikal (Stamm, Basismorphem)
f – Flexionsendung (gebundenes Morphem)
d – Derivator, Ableitungsformans (gebundenes Morphem)
⊂⊃– Morphemgrenze
(o) – Derivator als Infix

Systemteil$_1$ (Nominalsystem)
Das Kriterium der Genusopposition ermöglicht eine Einteilung der Sprachen Europas in zwei Gruppen:
1. Sprachen mit Genusopposition beim Nomen
   1.1. Genusopposition dreigliedrig (Mask./Fem./Neutr.)
      vgl. Deutsch, Griechisch, slavische Sprachen, Norwegisch (sowohl nynorsk als auch bokmål)
   1.2. Genusopposition zweigliedrig (Mask./Fem.)
      vgl. baltische, romanische, keltische Sprachen
   1.3. Genusopposition zweigliedrig (Utrum/Neutr.)
      vgl. nordische Sprachen (Ausnahme: Norwegisch)
In den nordischen Sprachen entspricht ein Utrum entweder einem Maskulinum oder einem Femininum im Deutschen. Formal unterscheidet sich das Utrum gegenüber dem Neutrum.
2. Sprachen ohne Genusopposition beim Nomen
   vgl. Englisch, finnisch-ugrische, türkische Sprachen

Eine besondere Eigenart von Genuswechsel kennen das Rumänische (vgl. die sogenannten ambigenen Nomina) und das Italienische, wo verschiedene Nomina mit dem Numerus auch das Genus wechseln; vgl. Beispiele aus dem Italienischen:

Singular	Plural	Bedeutung
osso m.	*ossa* f.	›Knochen‹
uovo m.	*uova* f.	›Ei‹
braccio m.	*braccia* f. (daneben auch *bracci* m.)	›Arm‹

Es handelt sich um Weiterentwicklungen ursprünglicher lateinischer Neutra, deren Genuswechsel Systemzwang geworden ist. In anderen Fällen sind Neutrum Sing. (vgl. *cero* ›Altarkerze‹) und Neutrum Plur. (vgl. *cera* ›Wachs‹) semantisch differenziert und bleiben im Genus stabil. Die lateinischen Neutra haben sich ansonsten in den romanischen Sprachen zu Maskulina bzw. Feminina (dies häufiger) entwickelt.

Genusunterscheidungen sind im allgemeinen in kommunikativer Hinsicht redundant (vgl. 3.3.). Eine bedeutungsdifferenzierende Funktion des Genus läßt sich nur in wenigen Fällen beobachten; vgl.

die Bemerkungen zu ital. *cero/cera,* aus dem Spanischen seien folgende Beispiele genannt:

caza f. ›Jagd‹   *guía* f. ›Reiseführer (Buch)‹   *guardia* f. ›Wache‹

    m. ›Jagdflugzeug‹   m. ›Reiseleiter‹   m. ›Wachtposten‹

In den slavischen Sprachen existiert die Differenzierung zwischen belebtem und unbelebtem Substantiv, wobei festzustellen ist, daß die Korrelation ›belebt:unbelebt‹ den naturwissenschaftlichen Erkenntnissen über Organisches und Anorganisches nur indirekt entspricht (vgl. russ. *rastenie* ›Pflanze‹, *derevo* ›Baum‹, die als unbelebt gelten, u. ä.). Die erwähnte Differenzierung kommt bei den direkten nominalen Objekten formal zum Ausdruck (vgl. russ. Akk. Sg. m. bei belebtem Objekt = Gen. Sg., u. ä.).

Als Systemkategorien zur Numerusunterscheidung lassen sich in den Sprachen Europas insgesamt vier Kategorien identifizieren: Singular und Plural (vgl. 4.1.), Dual, Kollektiv. Der Dual ist in den Sprachen Europas als numerusdifferenzierende Kategorie der Nomina vergleichsweise schwächer ausgeprägt als im Pronominalsystem (s. u.). In folgenden Sprachen ist der Dual eine numerusdifferenzierende Kategorie des Nominalsystems: Sorbisch, Slovenisch, Jurakisch, Lappisch, Maltesisch (im Litauischen und Lettischen ist der Dual dialektal in Relikten erhalten). Der Kollektiv als Numerus ist typisch für die keltischen Sprachen, das Maltesische und das Rätoromanische. Als Beispiel bietet sich in den keltischen Sprachen das Kymrische an, dessen grammatische Kategorie des Kollektivs (vgl. Lewis-Pedersen 1961. 160 ff.; kymr. *enw torfol* ›collective noun‹) sich sehr anschaulich an lateinischen Lehnwörtern illustrieren läßt. Der Kollektiv, der funktionell zum Singular und zum Plural in Opposition steht, wird morphosyntaktisch wie die Singularformen des Maskulinum behandelt. Lateinische Substantive werden zu kymrischen Kollektiva häufig in den Fällen, wo die Bedeutung des Wortes die Auffassung als Sammelbegriff nahelegt. Um einen Einzelbegriff zu bezeichnen, werden von den Kollektiva Ableitungen gebildet mit Hilfe der Suffixe *-yn* (m.) und *-en* (f.):

plūma > *pluf, plu* coll. ›feathers‹
    Bezeichnung der Einzelfeder: *plufyn* m., *pluen* f.
piscātu > *pysgod* coll. ›fish‹
    Bezeichnung des Einzelfisches: *pysgodyn* m.

Im Kymrischen schließen sich Plural und Kollektiv kombinatorisch aus, d.h. es existieren zwei paradigmatische Oppositionen unabhängig voneinander, u. zw.: Singular : Plural sowie Singular : Kollektiv, jedoch nicht *Singular:*Plural:*Kollektiv. Ausschlaggebend ist die Semantik des Nomens, ob es den Kollektiv bildet oder nicht. Die Verhältnisse im Maltesischen entsprechen denen im Kymrischen. Eine dreigliedrige Numerusopposition ist im Rätoromanischen systemhaft; vgl. (Beispiele aus dem Graubündnerischen):

Singular	Plural	Kollektiv (›plural collectiv‹)
il grip ›der Felsen, Felsbrocken‹	*ils grips* ›die Felsen, Felsbrocken‹	*la grippa* ›die Felsen, das Felsgestein‹

Im Rätoromanischen ist allerdings auch die Semantik entscheidend, ob ein Kollektiv gebildet werden kann oder nicht.
Eine Frage wie die folgende »Wieviele Kasus gibt es im Finnischen?« ist in dieser einfachen Form nicht zu beantworten, weil die Frage nicht sinnvoll ist. Kasusbeziehungen können sowohl synthetisch als auch analytisch (periphrastisch) zum Ausdruck gebracht werden. Nach dem Vorbild der lateinischen Grammatik (dies entspricht einer jahrhundertealten wissenschaftsgeschichtlichen Tradition) werden die Sprachen nach dem Bestand ihrer synthetisch gebildeten paradigmatisch auftretenden Kasusbeziehungen eingestuft. In dieser Perspektive besitzt das Deutsche 4, das Russische 7, das Finnische 15, das Bulgarische dagegen nur einen Kasus (casus absolutus). Diese Feststellung sagt gar nichts darüber aus, daß alle genannten Sprachen mehrere Dutzend verschiedener Kasusbeziehungen zum Ausdruck bringen, das Finnische allerdings überwiegend in synthetischer Ausdrucksweise, das Bulgarische in einem Höchstmaß an analytischer Ausdrucksweise. Die Frage nach der Anzahl der Kasus ist daher nur sinnvoll, wenn nach der Wechselbeziehung zwischen analytischer und synthetischer Ausdrucksweise gefragt wird. Viele synthetische Formen im Finnischen entsprechen präpositionalen Konstruktionen in anderen Sprachen (vgl. *laivalla* ›mit dem Schiff‹, *poikana* ›als Junge‹, *taloon* ›in das Haus‹, u. ä.). Analytische und synthetische Ausdrucksweisen sind im Nominalsystem Tendenzen, die sehr häufig miteinander korrelieren, wobei (entsprechend der Typik des grammatischen Baus der Sprachen) die eine oder andere Tendenz stärker ausgeprägt ist. Wie das Beispiel des Bulgarischen oder Englischen zeigt, können sich solche Tendenzen im Verlauf des Sprachwandels radikal in ihr Gegenteil umkehren. Sprachen mit ausgeprägter Tendenz zur synthetischen Ausdrucksweise der Kasusbeziehungen sind das Ungarische (26 Kasus + endungsloser Nominativ), das Finnische (14 Kasus + endungsloser Nominativ), die meisten finnisch-ugrischen und slavischen Sprachen. Die andere Tendenz ist besonders deutlich ausgeprägt in den romanischen Sprachen (mit Ausnahme der Zweikasusflexion im Rumänischen), in den

p-keltischen Sprachen (Kymrisch usw.; im Unterschied zu den goidelischen Sprachen mit erhaltenem ursprünglichen synthetischen Paradigma, z. B. Irisch). Die übrigen Sprachen Europas zeigen eine Ausgewogenheit beider Grundtendenzen in ihrem wechselseitigen Verhältnis.

Wenn auch die Existenz von Flexionsklassen ein Charakteristikum der indogermanischen Sprachen ist, bedeutet dies nicht, daß die Klassenparadigmatik als Strukturmerkmal in allen Vertretern dieser Sprachfamilie existiert, und daß es in nicht-indogermanischen Sprachen keine Klassenparadigmatik gäbe. Während in den meisten Sprachen dieser Sprachfamilie die Flexionsklassen bis heute wesentliches Strukturmerkmal sind (vgl. die Vielfalt der Flexionsklassen in slavischen Sprachen, im Deutschen, usw.), waren sie dies für Sprachen wie das Englische und Bulgarische auch (jedoch nur in älteren Sprachzuständen). Da die genannten Sprachen keine synthetische Nominalflexion mehr kennen, entfallen selbstverständlich auch die Flexionsklassen. Gleiches gilt für die romanischen Sprachen mit ihrer analytischen Ausdrucksweise zur Kennzeichnung von Kasusbeziehungen. Die finnisch-ugrischen und türkischen Sprachen sind entwicklungsgeschichtlich durch eine klassenlose Paradigmatik charakterisiert. Im Estnischen, Votischen und Livischen haben sich sekundär nominale Flexionsklassen herausgebildet, u. zw. unter dem Einfluß der baltischen Sprachen (vgl. Haarmann 1976 a. 111 ff.).

In den indogermanischen Sprachen stehen Stammtypen und Flexionsklassen in einem komplementären Verhältnis zueinander. In älteren Entwicklungsphasen läßt sich diese Korrelation im allgemeinen besser erkennen als in den modernen Vertretern dieser Familie (vgl. den Wechsel von Stammtypen und Flexionsklassen im Lateinischen, Griechischen und Altkirchenslavischen). Das Finnische als nichtindogermanische Sprache kennt auch Stammtypen, die sich – ebenso wie in indogermanischen Sprachen – nach Vokal- und Konsonantstämmen klassifizieren lassen. Im Finnischen existiert keine Korrelation von Stammtypen und Flexionsklassen, denn die Flexionsendungen bleiben unabhängig vom Stammtyp dieselben. Die durch indogermanische Sprachen geprägte Optik, nach der die Korrelation von Stammtypen und Flexionsklassen die Regel ist, muß der strukturtypischen Eigenart des Finnischen entsprechend differenziert werden. Für die Stammtypen im Ungarischen oder Baskischen gilt Entsprechendes.

Die dreigliedrige Genusopposition steht in direkter Korrelation zur Differenzierung von substantivischer und adjektivischer Flexion (Deklination). Während Sprachen ohne oder mit zweigliedriger Ge-

nusopposition formal nicht zwischen Substantiv- und Adjektivflexion differenzieren, existiert in Sprachen mit dreigliedriger Genusopposition eine eigene Adjektivdeklination (vgl. starke Deklination im Deutschen, bestimmte Deklination in slavischen Sprachen; Relikte im Litauischen). Eine Ausnahme stellt das Griechische dar, dessen Adjektivflexion mit der der Substantive übereinstimmt.
Die Sprachen Europas unterscheiden sich zwar darin, daß sie die Steigerung der Adjektive einerseits analytisch, andererseits synthetisch zum Ausdruck bringen, aber stimmen dahingehend überein, daß die Steigerung dreistufig ist (Positiv, Komparativ, Superlativ). In den meisten Sprachen existieren Suppletivformen für Adjektive mit hoher Frequenz; vgl.:

dt.	*gut*	*besser*	*best(e)*
tschech.	*dobrý*	*lepší*	*nejlepší*
finn.	*hyvä*	*parempi*	*paras*

In einigen Sprachen ist die dreistufige Steigerung durch eine weitere Stufe systemhaft erweitert. Eine besondere morphematische Struktur weist der Äquativ in den keltischen Sprachen auf; vgl. zur Funktion und Struktur des Äquativs im Kymrischen die folgende paradigmatische Übersicht:

Positiv	Äquativ	Komparativ	Superlativ
coch red	*cyn* **goch**ed *â(g)* as red as	*yn* **goch**ach *na(g)* redder than	*y* **coch**af the reddest
llawn full	*cyn* **llawn**ed *â(g)* as full as	*yn* **llawn**ach *na(g)* fuller than	*y* **llawn**af the fullest
rhu**dd** red, crimson	*cyn* **rh**u**dd**ed *â(g)* as red as	*yn* **rh**u**dd**ach *na(g)* redder than	*y* **rh**u**dd**af the reddest

Die Beispiele verdeutlichen, daß es in verschiedenen Stufen zu systemhaften Veränderungen der Konsonanten und auch der Silbenstruktur kommt (systemhafte Allomorphie als Phänomen der Syntagmaphonologie); vgl. Haarmann 1976a. 141 ff.
Die meisten Sprachen schließen das Vergleichsobjekt beim Komparativ syntaktisch mittels einer Konjunktion an (vgl. dt. *als*, engl. *than*, kymr. *na(g)*, ung. *mint* usw.). Syntaktische Konstruktionen, bei denen das Vergleichsobjekt nicht mittels einer Konjunktion angeschlossen wird, sondern selbst in einem obliquen Kasus steht, sind in Europa selten; vgl.:
finn. *hän on minua isompi*
= ›er ist größer als ich‹
hän on isompi kuin minä
Minua ist Partitiv vom Personalpronomen *minä* ›ich‹. Beide Konstruktionen sind in der Standardsprache gebräuchlich, in der Um-

gangssprache herrscht die zweite Variante (mit Konjunktion) vor.
Systemteil$_2$ (Pronominalsystem)
Die europäischen Sprachen mit Genusopposition differenzieren nach diesem Kriterium in der 3. Pers. Sg. des Personalpronomens, Sprachen ohne Genusopposition weisen zumeist die Belebtheitskorrelation auf; vgl.:

finn. *hän*⟶ ›er‹
    ↘›sie‹
  se   ›es‹

Abweichungen von dieser allgemeinen Beobachtung stellen die dreigliedrige Genusopposition beim Personalpronomen im Englischen sowie das Fehlen jeglicher Differenzierung im Ungarischen dar; vgl.:

engl. *he*   ›er‹   ung. *ő*⟶ ›er‹
      she ›sie‹   ↘›sie‹
      it   ›es‹   ↘›es‹

In der 3. Pers. Pl. des Personalpronomens zeigt sich Genusopposition nur in den romanischen Sprachen sowie im Griechischen. In den anderen Sprachen erscheint ein Pronomen generale; vgl.:

frz. *ils* (m.)   span. *ellos* (m.)   russ. *oni* (m./f.) ›sie‹
     elles (f.)   *ellas* (f.)   dt.   *sie* (m./f.)

Die Bestimmtheitskorrelation (Unterscheidung zwischen definitem und indefinitem Denotat) mit ihrer Verankerung im Pronominalsystem (Existenz eines Artikels) ist nur für eine begrenzte Anzahl der Sprachen Europas typisch. Die slavischen Sprachen (Ausnahmen: Bulgarisch, Makedonisch), die Turksprachen sowie die meisten finnisch-ugrischen Sprachen kennen keinen Artikel, die Bestimmtheitskorrelation wird nur mit beschränkten syntaktischen Mitteln zum Ausdruck gebracht. Von den europäischen Artikelsprachen kennen die meisten keinen unbestimmten Artikel, es ergibt sich paradigmatisch jeweils die Opposition zwischen

Art. + Nomen bzw. Nomen + Art.   vgl. kymr. *y ceffyl*, rum. *cal__ul__*
und dem betreffenden Nomen ohne Artikel
Ø + Nomen bzw. Nomen + Ø   vgl. kymr. *ceffyl*, rum. *cal*
In den anderen Sprachen stehen sich jeweils eine Form des bestimmten und des unbestimmten Artikels gegenüber; vgl.:

dt.   *__das__ Pferd*   /   *__ein__ Pferd*
frz. *__le__ cheval*   /   *__un__ cheval*
engl. *__the__ horse*   /   *__a__ horse*

Nach der Position des bestimmten Artikels lassen sich die Sprachen zwei Gruppen zuordnen:
1. Sprachen mit präponiertem Artikel
   vgl. keltische, romanische Sprachen (Ausnahme: Rumänisch),

Nominalflexion im Baskischen (laburdischer Schriftdialekt)

Basismorphem	Affix Position 1 Bindeelement		Affix Position 2 Klassenmorphem der Flexionsklassen			Affix Position 3 Kasusmorphem	Kasus	Numerierung
	V-Stamm	K-Stamm	Unbest. Flexion	Best.Flexion Sg.	Pl.			
V-Stamm *buru* ›Kopf‹ / K-Stamm *gizon* ›Mensch‹ (Stammtyp)	Ø	Ø	Ø	A	Ø	Ø	Nominativ (Sg.)	(1)
	Ø	Ø	–	–	Ø	-ak	Nominativ (Pl.)	
	Ø	e	Ø	A	Ø	-k	Ergativ (Sg.)	(2)
	Ø	Ø	–	–	Ø	-ek	Ergativ (Pl.)	
	r	Ø	Ø	AR	Ø	-i	Dativ (Sg.)	(3)
	r	Ø	–	–	Ø	-ei	Dativ (Pl.)	
	r	Ø	Ø	AR	Ø	-en	Genitiv (Poss.)	(4)
	r	Ø	Ø	AR	Ø	-en	Unitiv	(5)
	Ø	Ø	TA	Ø	ETA	-ekin	Genitiv (Lok.)	(6)
	Ø	e	Ø	A	Ø	-ko	Instrumental (Sg)	(7)
	Ø	e	–	–	Ø	-z	Instrumental (Pl)	
	Ø	e	TA	A	ETA	-ez	Inessiv	(8)
	Ø	Ø	TA	Ø	ETA	-n	Lativ	(9)
	Ø	e	TA	Ø	ETA	-ra(t)	Ablativ*	(10)
	r	Ø	Ø	–	–	-rik*	Partitiv	(11)
						-ik	(nur unbest. Flexion)	

* *-rik* ist die Endung des Ablativs der unbestimmten Flexion sowie des Ablativs (Pl.) der bestimmten Flexion; *-rik* ist die Endung des Ablativs (Sg.) der bestimmten Flexion

Das Bindeelement r tritt zwischen Vokalen auf (vgl. V + r + V); dies gilt für die unbestimmte Flexion sowie für den Singular der bestimmten Flexion (vgl. dagegen den Plural *buruak* ›die Köpfe‹, u.ä.)

Das Bindeelement e tritt zwischen Konsonanten auf (vgl. K + e + K)

germanische Sprachen (ohne nordische Sprachen), Ungarisch, Griechisch, Maltesisch;
2. Sprachen mit postponiertem Artikel
vgl. nordische Sprachen (Schwedisch, Norwegisch usw.), Sprachen des Balkanbundes (Rumänisch, Bulgarisch, Albanisch, Makedonisch), Mordvinisch, Syrjänisch, Votjakisch, Jurakisch.
Die Bestimmtheitskorrelation ist im Baskischen in der Opposition von unbestimmter und bestimmter Deklination verankert. Vom postponierten Artikel im Baskischen zu sprechen ist nicht sinnvoll. Eine solche Aussage präjudiziert Verhältnisse in westeuropäischen Sprachen, die jedoch nicht vergleichbar sind. Im Baskischen ist die Bestimmtheitskorrelation als ein wesentliches Strukturmerkmal in das Deklinationssystem integriert, sie strukturiert das Paradigma der Nominalflexion. Obwohl die Differenzierung von bestimmter und unbestimmter Nominalflexion im europäischen Sprachendiagramm als Isolationismus anzusehen ist (daher in den Abschnitt 4.3. gehört), sei mir gestattet, im Zusammenhang mit den Erläuterungen zum Artikel die strukturtypische Ausprägung der Bestimmtheitskorrelation an dieser Stelle zu illustrieren. Die unbestimmte Deklination ist bedeutungsmäßig hinsichtlich des Numerus indifferent (der Kontext entscheidet über Singular- oder Pluralbedeutung). Die bestimmte Deklination unterscheidet Singular und Plural; vgl.:

unbestimmte Deklination	bestimmte Deklination
harri ›(ein) Stein‹ ›Steine‹	*harria* ›der Stein‹ *harriak* ›die Steine‹

Die Strukturierung des Paradigmas der Nominalflexion durch die Bestimmtheitskorrelation ergibt folgende Differenzierung (vgl. die Übersicht auf S. 133).
Besitzverhältnisse werden in den europäischen Sprachen grundsätzlich auf zweierlei Art zum Ausdruck gebracht, einerseits durch attributive Possesivpronomen in Verbindung mit dem betreffenden Denotat, andererseits durch Possessivaffixe, die als gebundene Morpheme an das Denotat treten. Letztere Bildeweise ist charakteristisch für die finnisch-ugrischen und türkischen Sprachen, für das Jurakische und Maltesische. Das Verhältnis von Besitzer und Besitztum im Rahmen der paradigmatischen Oppositionen der possessivischen Suffigierung soll am Beispiel des Ungarischen illustriert werden; vgl. S. 135.
Nach der Differenzierung von Grund- und Endsuffixen in der ungarischen Grammatik gehören die Possessivsuffixe zur Klasse der Grundsuffixe und können daher andere gebundene Morpheme nach

Besitzer:	Besitz:	
	Singular	Plural
Singular		
1. Pers.	*könyv-e-m* ›mein Buch‹	*könyv-eim* ›meine Bücher‹
2. Pers.	*könyv-e-d* ›dein Buch‹	*könyv-eid* ›deine Bücher‹
3. Pers.	*könyv-e* ›sein/ihr Buch‹	*könyv-ei* ›seine/ihre Bücher‹
Plural		
1. Pers.	*könyv-ünk* ›unser Buch‹	*könyv-eink* ›unsere Bücher‹
2. Pers.	*könyv-e-tek* ›euer Buch‹	*könyv-eitek* ›euere Bücher‹
3. Pers.	*könyv-ük* ›ihr Buch‹	*könyv-eik* ›ihre Bücher‹

sich haben. Dies tritt in der Kasusflexion ein, Kasussuffixe sind Endsuffixe. Die Possessivsuffixe sind im Paradigma der Nominalflexion (vom segmentalen Standpunkt betrachtet) Infixe; vgl. *könyv-é-t* (Akk.) ›sein/ihr Buch‹, *ház-unkban* (Inessiv) ›in unserem Haus‹, usw. Das Finnische repräsentiert mit seiner Reihenfolge der Suffixe einen entgegengesetzten Typ. Im Finnischen tritt das Possessivsuffix grundsätzlich an das Ende, d. h. dementsprechend auch hinter das Kasussuffix; vgl. *talo-ssa-mme* (Inessiv) ›in unserem Haus‹, wobei *-mme* das Possessivsuffix ist.
Der Dual als numerusdifferenzierende Systemkategorie existiert außer in den Sprachen, die im Zusammenhang mit der Numerusdifferenzierung beim Nomen genannt wurden, noch im Isländischen, das einen Dual nur in der Pronominalflexion, nicht in der Nominalflexion kennt; vgl. *við (Dual)* ›wir‹, *vjer* (Plural) ›wir‹, dazu der Akkusativ in der Doppelform *okkur* (Dual), *oss* (Plural), usw. In der heutigen Umgangssprache sind die funktionellen Grenzen zwischen Dual und Plural weitgehend aufgelöst (vgl. Jónsson 1966. 32f.).
Systemteil$_3$ (Verbalsystem)
Die funktionelle Differenzierung zwischen Nomen und Verb ist morphosyntaktisch keineswegs allgemeingültig. Das europäische Sprachendiagramm manifestiert erhebliche Schwankungsbreiten hinsichtlich der grammatischen Behandlung dessen, was als nominal und dessen, was als verbal aufgefaßt wird. Sprachen, in denen Zustände, Veränderungen von Zuständen und Handlungen, die kein Objekt implizieren, grundsätzlich anders zum Ausdruck gebracht werden als Aktionen, manifestieren einen klaren Gegensatz zur Auffassung von Nominalem und Verbalem, wie es in den west- und mitteleuropäischen Sprachen (d. h. Sprachen des »europäischen Normaltyps«) verankert ist. In den keltischen Sprachen werden Zustände nominal ausgedrückt (vgl. kymr. *y mae chwant bwyta arnaf* ›ich bin hungrig, habe Hunger‹, wörtl. ›da ist der Wunsch zu essen auf mir‹, u. ä.). Die keltischen Sprachen haben die morphosyntakti-

sche Kategorie des Nomenverbums bzw. Verbalnomens entwickelt. Nominale Ausdrucksweise (in Form periphrastischer Konstruktionen mit Hilfsverb) ist ebenso für das Paradigma des Aktionsverbs charakteristisch (vgl. Wagner 1959. 136 ff.). Nominale Ausdrucksweise von Zuständen ist auch kennzeichnend für das Baskische, wo ebenfalls Aktionsverben, die kein Objekt implizieren, morphosyntaktisch wie Zustandsausdrücke behandelt werden. Im Baskischen zählt beispielsweise der Begriff ›folgen‹ zu den Zustandsausdrücken (vgl. Lafon 1972. 1764).
Während die funktionelle Trennung von Zustandsausdrücken (Zustands»verben«) und Aktionsdarstellung (Aktionsverb) ein Strukturmerkmal der Morphosyntax darstellt, ist die Erscheinung der sogenannten ambivalenten Basismorpheme in den uralischen Sprachen (vgl. ung. *fagy* 1. ›Frost‹, 2. ›frieren‹, u. ä.) eine im wesentlichen semantische Kategorie. Allerdings ist nicht ausgeschlossen, daß ambivalente Basismorpheme in älteren Sprachzuständen auch eine morphosyntaktische Kategorie (vgl. keltische Sprachen) darstellten. Das Englische ist schwer einzuordnen. Die semantische Kategorie der ambivalenten Basismorpheme (vgl. *contact* 1. ›Kontakt‹, 2. ›kontaktieren‹, u. ä.) ist mit der morphosyntaktischen Kategorie der nominalen Ausdrucksweise (vgl. Progressivform) eng verknüpft (vgl. Wagner 1959. 143 ff.). Die Kategorien ›Verbalnomen‹ und ›ambivalentes Basismorphem‹ sind mit Bezug auf die keltischen und finnisch-ugrischen Sprachen näher erläutert worden in Haarmann (1976a. 119 ff., 148 ff.).
Wie die Korrelation von grammatischen Kategorien wie *Tempus, Aspekt, Aktionsart* und *Modalität* in den Verbsystemen der Sprachen Europas ausgeprägt ist, wurde in einem eigenen Abschnitt analysiert (vgl. 3.1.). An dieser Stelle seien lediglich einige Bemerkungen zum Perfekt ergänzt, denn die Typik des Futurs als grammatischer Kategorie wurde ebenfalls gesondert behandelt (vgl. 3.2.). In den meisten europäischen Sprachen existiert ein periphrastisches Perfekt (zum periphrastischen Perfekt in den Balkansprachen vgl. Haarmann 1976a. 88), das in Sprachen mit ›haben‹-Verb mit diesem, in Sprachen ohne ›haben‹-Verb mit dem Hilfsverb ›sein‹ konstruiert wird. Letzteres gilt für die finnisch-ugrischen sowie die slavischen Sprachen, soweit dort ein periphrastisches Perfekt existiert. In Sprachen mit ›haben‹-Verb wird teilweise neben ›haben‹ auch das Hilfsverb ›sein‹ verwendet, allerdings seltener und unter von Sprache zu Sprache wechselnden Bedingungen (vgl. dt. *ich bin gegangen*, frz. *je suis allé*, u. ä.). Kein periphrastisches Perfekt kennen die keltischen Sprachen, die Turksprachen, verschiedene finnisch-ugrische Sprachen (Ungarisch, Čeremissisch, Mordvinisch, Syrjänisch), das Ju-

rakische, Kalmykische und Maltesische (zu den verbalen Kategorien dieser semitischen Sprache vgl. 3.1.2., Beispiel c).
In synchronischer Sicht sind Kategorien wie Tempus, Modalität und Modus in allen Sprachen deutlich unterschieden. In diachronischer Perspektive zeigen sich jedoch Interferenzen. Die im Sprechlatein existierende Opposition von zwei periphrastischen Konstruktionen mit dem Hilfsverb ›haben‹ im Präsens und im Imperfekt entwickelte sich in den romanischen Sprachen in zwei verschiedene Richtungen, wobei ein Oppositionsglied als Tempuskategorie Futur, das andere als Moduskategorie Konditional in das Verbsystem integriert wurde; vgl.:

Sprechlatein	romanische Sprachen (Frz. usw.)
scribere habeo >	frz. *j'écrirai* ›ich werde schreiben‹
	Tempus: Futur
scribere habebam >	frz. *j'écrirais* ›ich würde schreiben‹
	Modus: Konditional

Ähnliche Interferenzen lassen sich sprachhistorisch zwischen Konjunktiv und Futur im Lateinischen und Griechischen, zwischen Imperativ und Futur im Hethitischen, zwischen Konjunktiv und Futur im Tocharischen usw. nachweisen.
Die indirekte Erlebnisform (vgl. 3.1.) ist als Systemkategorie entweder als Modalität (vgl. Syrjänisch, Votjakisch, Tatarisch usw.) oder als Modus (vgl. baltische Sprachen, Estnisch, Livisch, Bulgarisch usw.) ausgeprägt. In diachronischer Perspektive muß man bei der Entwicklung dieser Kategorie von einer modalen Konnotation ausgehen, die an eine Tempuskategorie gebunden ist. Diese grammatisierte Modalität (in Korrelation mit der Tempusindikation) ist als Strukturmerkmal Ausgangspunkt für eine Entwicklung, wobei im Verbsystem bestimmter Sprachen ein selbständiges Paradigma geschaffen wurde, dessen Elemente sich als Oppositionsglieder von entsprechenden Oppositionsgliedern des Indikativs bzw. Konjunktivs u. ä. funktionell unterscheiden. Die Funktionen des Perfekts im Indogermanischen und in den Turksprachen beinhalten die noetischen Grundlagen für das Entstehen der grammatisierten Modalität des indirekt Erlebten. Ansätze zur Entwicklung der indirekten Erlebnisform lassen sich in der Resultativfunktion des altgriechischen Perfekts deutlich erkennen (vgl. Haarmann 1970a. 29f.).
Ein Konjunktiv existiert als selbständiger Modus zwar in vielen Sprachen, in Osteuropa (slavische, finnisch-ugrische, türkische Sprachen) ist er als Systemkategorie nicht ausgeprägt. Seine Funktionen werden in diesen Sprachen von anderen Modi mit übernommen. In der ungarischen Grammatik spricht man beispielsweise von

einem Konditional-Optativ (Konditional, der zusätzlich die Funktion eines Optativs übernimmt) und von einem Imperativ-Konjunktiv (Imperativ mit zusätzlicher Funktion eines Konjunktivs).
Die diathetischen Relationen (vgl. Aktiv, Passiv, transitiv, intransitiv) sind in fast allen europäischen Sprachen gleichartig. Eine Ausnahme stellt das Baskische mit seiner Eigenart der Ergativkonstruktionen dar, die ein Isolationismus im europäischen Sprachendiagramm sind, außerhalb Europas jedoch nicht selten auftreten (vgl. kaukasische Sprachen, Ostjakisch, usw.; Meščaninov 1967).
Die Bestimmtheitskorrelation im Verbsystem, wie sie in Form der Differenzierung zwischen subjektiver und objektiver Konjugation im Ungarischen, Mokša-Mordvinischen, Erza-Mordvinischen und Jurakischen ausgeprägt wurde, ist funktionell nicht mit der Bestimmtheitskorrelation im Pronominalsystem (Existenz des Artikels) bzw. im Nominalsystem (Differenzierung zwischen definiter und indefiniter Deklination im Baskischen) europäischer Sprachen vergleichbar. Während sich die Determinierung in pronominaler Ausprägung der Bestimmtheitskorrelation auf das Nomen bezieht (bestimmtes bzw. unbestimmtes Subjekt bzw. Objekt), betrifft die Determinierung im Falle der Opposition von subjektiver und objektiver Konjugation (die jeweils durch einen eigenen Satz von Pronominalendungen charakterisiert sind) die verbale Aktion, nicht das handelnde Subjekt oder das betroffene Objekt. Korrekterweise müßte man auch einerseits von subjektiver Konjugation (nur das Subjekt ist markiert), andererseits von »subjektiv-objektiver« Konjugation (sowohl Subjekt als auch Objekt sind markiert) sprechen.
Die subjektive Konjugation wird z. B. im Ungarischen verwendet (nach Tompa 1972. 64 ff.):
a) wenn das Prädikatsverb intransitiv ist (vgl. <u>elromlott</u> *az órám* ›meine Uhr ist kaputt gegangen‹);
b) wenn das Prädikatsverb transitiv ist, jedoch ohne Akkusativobjekt gebraucht wird (vgl. *már órák óta <u>írsz</u>* ›du schreibst schon seit Stunden‹);
c) wenn das Prädikatsverb transitiv ist, jedoch keine objektive Verbform erfordert (vgl. <u>látsz engem?</u> ›siehst du mich?‹)
Die objektive Konjugation wird verwendet bei allen transitiven Verben, sofern sie im Satz mit einem Akkusativobjekt zusammen auftreten. Während in der subjektiven Konjugation nur die Person des Subjekts durch die pronominalen Suffixe gekennzeichnet ist, wird in der objektiven Konjugation auch die Person des Objekts gekennzeichnet (für die Verhältnisse im Ungarischen verweise ich auf Tompa 1972. 66 ff.). Die Bestimmtheit des Objekts kommt durch die objektive Konjugation nicht zum Ausdruck; vgl. *látom házat*

›ich sehe ein Haus‹ im Vergleich zu *látom a házat* ›ich sehe das Haus‹. Die objektive Konjugation impliziert durch ihre Pronominalendungen die Existenz eines Akkusativobjekts und determiniert somit die Aktion, nicht das Objekt selbst. In den anderen Sprachen stimmen die Regeln zur Verwendung von subjektiver und objektiver Konjugation im wesentlichen mit denen im Ungarischen überein. Das Jurakische hat in seinem grammatischen System eine strikte dreigliedrige Numerusopposition (Singular, Dual, Plural) ausgeprägt, u. zw. im nominalen, pronominalen und verbalen Teilsystem. Der Dual strukturiert nicht nur in beiden Konjugationen die Numerusoppositionen bei den Subjektbeziehungen, sondern in der objektiven Konjugation auch die der Objektbeziehungen (ein Objekt, zwei Objekte, mehrere Objekte); die Komplexität der paradigmatischen Strukturen illustriert die Übersicht bei Tereščenko (1966. 386 ff.).
Analytische Kasusbeziehungen werden in den Sprachen Europas grundsätzlich auf zweierlei Art zum Ausdruck gebracht. Strukturtypisches Kennzeichen der indogermanischen Sprachen sind die Präpositionen, Charakteristikum der uralischen und türkischen Sprachen sind Postpositionen. Das Maltesische verwendet wie die indogermanischen Sprachen Präpositionen, das Baskische wie die finnisch-ugrischen Sprachen Postpositionen. In den ostseefinnischen Sprachen und im Lappischen existieren auch verschiedene Präpositionen; hierbei handelt es sich allerdings um sekundäre Funktionsträger, zu deren Entstehen es wahrscheinlich unter Einfluß der baltischen und nordischen Sprachen kam (vgl. finn. *ilman autoa* ›ohne Auto‹ – *ilman* Präp. ›ohne‹ + Partitiv; *tytön kanssa* ›mit dem Mädchen‹ – Gen. + *kanssa* Postp. ›mit‹, usw.). Ein minoritäres Phänomen im europäischen Sprachendiagramm ist die Pronominalflexion bei Prä- und Postpositionen. Pronominalflexion bei Präpositionen ist typisch für keltische Sprachen (vgl. kymr. *ganddo* ›mit ihm‹, *ganddynt* ›mit ihnen‹ zu *gan* ›mit‹, usw.), bei Postpositionen in finnisch-ugrischen Sprachen (vgl. ung. *velem* ›mit mir‹, *velünk* ›mit uns‹ zu *vel* ›mit‹, usw.); vgl. Haarmann 1976a. 151.
Die drei Grundprinzipien der Wortbildung, die Komposition (= Wortzusammensetzung) sowie die Ableitungsmechanismen mittels Präfigierung und Suffigierung, treten in den Sprachen Europas in unterschiedlicher Produktivität und Kombination auf. Allen Sprachen gemeinsam ist lediglich, daß in ihnen Suffigierung produktiv ist (vgl. die Bemerkungen zur Morphemstruktur in 4.1.). Es gibt folgende Typen von Korrelation der Wortbildungsprinzipien (Extremtendenzen, denen sich die natürlichen Sprachen mehr oder weniger annähern) in Europa:

1. Sprachen, in denen Komposition und Derivation mit Präfigierung und Suffigierung produktiv sind
(vgl. Deutsch, Kymrisch, Ungarisch, Russisch, Polnisch, Tschechisch, Litauisch, Englisch, usw.).
In der sprachhistorischen Entwicklung der einzelnen Sprachen gab es Verschiebungen in der Produktivität einzelner Wortbildungsprinzipien. Im Russischen und Ungarischen beispielsweise spielte die Komposition lange Zeit keine besondere Rolle, entwickelte sich dagegen im Ungarischen im Verlauf des 19. Jahrhunderts, im Russischen im Verlauf des 20. Jahrhunderts zu einem wichtigen Faktor. Die Präfigierung ist in den slavischen Sprachen einbezogen in das Verbalparadigma, da primär durch Präfigierung (sekundär durch Suffigierung) die Aspektopposition (perfektiv/imperfektiv) strukturiert wird (vgl. S. 74).

2. Sprachen, in denen Präfigierung und Suffigierung (ohne Komposition) produktiv sind
(vgl. Französisch, Serbokroatisch, Rumänisch, usw.).
Im Serbokroatischen sind Präfigierung und Suffigierung gleichermaßen produktiv, im Rumänischen und Französischen überwiegt bei weitem die Ableitung mittels Suffixen.

3. Sprachen, in denen Suffigierung und Komposition (ohne Präfigierung) produktiv sind
(vgl. Baskisch, Finnisch, Tatarisch, usw.).

4. Sprachen, in denen Suffigierung (ohne Präfigierung und ohne Komposition) produktiv ist
(vgl. Irisch, Griechisch, usw.).

5. Sprachen, in denen Komposition (ohne Suffigierung und ohne Präfigierung) produktiv ist
– gibt es aufgrund der Feststellungen in 4.1. (Morphemstruktur) in Europa nicht.

6. Sprachen, in denen Präfigierung (ohne Suffigierung und ohne Komposition) produktiv ist
– gibt es aufgrund der Feststellungen in 4.1. (Morphemstruktur) in Europa nicht.

4.2.3. Syntaktische Eigenschaften

Außer den universellen Elementen in den Satzstrukturen der europäischen Sprachen (vgl. 4.1.) gibt es eine Anzahl verschiedener Satzstrukturmuster in den einzelnen Sprachen, die sich entsprechend ihrer absoluten Verbreitung als majoritär bzw. minoritär ausweisen. Eine Klassifizierung und Inventarisierung der in den Sprachen Europas realisierten Satzmuster ist nur unter bestimmten Voraussetzungen sinnvoll. Das Kriterium der *stilistischen Neutralität* ermöglicht die Aufstellung von Grundmustern der in den Sprachen existenten Satzstrukturen. Auf die stilistische Neutralität von Satzmustern als methodisches Auswahlkriterium hat zuerst Jakobson im Jahre 1961 aufmerksam gemacht. Die grundlegende Bedeutung dieses Kriteriums im Rahmen einer Typologie der Satzstrukturen nach dem Kriterium der Wortstellung (= Satzgliedstellung) sei mit Jakobsons eigenen Worten und Beispielen hervorgehoben:

»Greenberg's statements on universals in the ›order of meaningful elements‹ rightly put forward the notion of a ›dominant‹ order. We are reminded that the idea of dominance is not based on the more frequent occurrence of a given order: actually what is here introduced into the ›order typology‹ by the notion of dominance is a stylistic criterion. For example, of the six mathematically possible relative orders of nominal subject, verb, and nominal object – SVO, SOV, VSO, VOS, OSV, and OVS – all six occur in Russian: The sentence, ›Lenin cites Marx,‹ can be rendered as SVO *(Lenin citiruet Marksa),* SOV *(Lenin Marksa citiruet),* VSO *(Citiruet Lenin Marksa),* VOS *(Citiruet Marksa Lenin),* OSV *(Marksa Lenin citiruet),* and finally OVS *(Marksa citiruet Lenin);* yet only the order SVO ist stylistically neutral, while all the ›recessive alternatives‹ are experienced by native speakers and listeners as diverse emphatic shifts. SVO is the only word order initially used by Russian children; and in a sentence like *Mama ljubit papu* ›Mama loves papa‹, if the order of words is inverted – *Papu ljubit mama,* small children are prone to misinterpret it: ›Papa loves mama,‹ as if one had said, *Papa ljubit mamu.*« (Jakobson 1973. 268f.).

In vielen der von Greenberg als Universalien formulierten Thesen müßte dementsprechend das von Jakobson angeführte Kriterium Berücksichtigung finden, was zur Umformulierung führt. Vgl.: Greenberg (1973a. 77 bzw. 110): Universalie 1

»In declarative sentences with nominal subject and object, the *dominant* order is almost always one in which the subject precedes the object« (Hervorhebung von mir).

Jakobson (1973. 269): Universalie 1 (modifiziert)

»In declarative sentences with nominal subject and object, *the only or neutral (unmarked)* order is almost always one in which the subject precedes the object« (Hervorhebung vom Autor).

Die Analyse der allgemeinen syntagmatischen Relationen ergibt bei der Orientierung am Kriterium der stilistischen Neutralität im multilateralen Sprachvergleich ein klareres Bild, als es ohne diese methodische Voraussetzung möglich wäre. Nach einer weitverbreiteten Ansicht besitzen Sprachen mit stark synthetischen Ausdrucksmitteln (d.h. hochgradigem Synthetismus im morphologischen

Teilsystem) wie etwa das Lateinische oder Finnische eine größere Freiheit in der Wortstellung als Sprachen mit hochgradigem Analytismus wie etwa das Englische oder das Bulgarische (mit Bezug auf das Nominalsystem). Dies ist selbst bei Berücksichtigung verschiedener Sprachstile nur bedingt zutreffend, mit Bezug auf den stilistisch neutralen Satz bestimmt falsch. Der stilistisch neutrale Aussagesatz mit nominalem Subjekt und Objekt besitzt in allen Sprachen eine feste Wortstellung, u. z. unabhängig vom Grad des Synthetismus. In den Sprachen Europas sind drei Typen von Wortstellung im Aussagesatz vertreten; vgl.:

Typ I: SVO
Dieser Typ ist am weitesten verbreitet, d. h. in den meisten Sprachen Europas repräsentiert (vgl. Deutsch, Englisch, Russisch, Albanisch, usw.). Auch im Finnischen (unter schwedischem Einfluß) und im Estnischen (unter deutschem Einfluß), ebenso im Ungarischen, ist die Wortstellung SVO üblich. Die anderen finnisch-ugrischen Sprachen vertreten den Typ II.

Typ II: SOV
Dieses Prinzip ist kennzeichnend für die Wortstellung im Aussagesatz des Baskischen. Dieser Typ ist ebenfalls vertreten in den uralischen (vgl. Jurakisch, usw. mit Ausnahme des Finnischen, Estnischen und Ungarischen, s. o.) und altaischen Sprachen (vgl. türkische Sprachen, Kalmykisch).

Typ III: VSO
Dieser Typ ist in Europa seltener als die beiden anderen Typen. Die Wortstellung VSO ist typisch für die keltischen Sprachen (vgl. Kymrisch, Irisch, usw.).

Grammatische Kongruenz der Determinanten (Adjektiv, Artikel, Demonstrativ-, Possessivpronomina, usw.): vgl. 3.3.1.
Es gibt grundsätzlich zwei Varianten der Position des attributiven Adjektivs, die beide in den Sprachen Europas vorkommen. Dabei ergibt sich folgende Verteilung:

Position I: Attr. + Nomen
Die Voranstellung des attributiven Adjektivs ist charakteristisch für die germanischen, finnisch-ugrischen, türkischen und slavischen Sprachen (zum Polnischen vgl. weiter unten), ebenso für das Griechische und Moldauische.

Position II: Nomen + Attr.
Die Nachstellung ist kennzeichnend für die keltischen Sprachen, ebenfalls für das Baskische. Auch in den romanischen Sprachen (Ausnahme: Moldauisch) ist Nachstellung des Adjektivs vorherrschend. Besonderheiten (vor allem im Französischen) sind weiter unten erläutert.

In einer begrenzten Anzahl von Sprachen tritt das attributive Adjektiv in beiden Positionen auf, u. z. im Polnischen, Rumänischen, Französischen und anderen romanischen Sprachen. Im Polnischen geben die semantischen Relationen zwischen Attribut und Nomen den Ausschlag für die Position des Adjektivs. Nachgestellt werden im Polnischen Adjektive, die mit dem Nomen zusammen eine begriffliche Einheit konstituieren (vgl. *szkoła podstawowa* ›Grundschule‹). Vorangestellt werden qualitative Adjektive zur Kennzeichnung von Beschaffenheit, Eigenschaften, Zugehörigkeit und Zuständen (vgl. *dobry człowiek* ›ein guter Mensch‹, *złoty zegarek* ›eine goldene Uhr‹, u. a.). Definiert man den Terminus ›Wort‹ nach dem Kriterium der Sinneinheit, könnte man sagen, daß das vorangestellte Adjektiv im Polnischen ein selbständiges Wort (freies Morphem), das nachgestellte Adjektiv dagegen nicht selbständig (gebundenes Morphem) ist. Während die Positionsregeln im Polnischen eindeutig auf semantischen Prinzipien beruhen, sind im Rumänischen stilistische Unterschiede mit der Position vor oder nach dem Nomen verknüpft. Im stilistisch neutralen Satz ist Nachstellung maßgebend. Die Voranstellung des attributiven Adjektivs ist fakultativ und Ausdrucksmittel zur stilistischen Reliefgebung. Im Französischen ist die Position des Adjektivs von einer Vielzahl verschiedener Kriterien abhängig. Von diesen sollen die wichtigsten in der folgenden schematischen Übersicht zusammengestellt werden, um damit die Positionsregeln transparent zu machen:

Kriterium	Position I Vorangestelltes Adjektiv	Position II Nachgestelltes Adjektiv
1. Wortlänge	monosyllabisch (bei polysyllabischem Nomen)	polysyllabisch (bei monosyllabischem Nomen)
2. semantische Relation: Adj.-Nomen	bezeichnet inhärente Eigenschaften	bezeichnet *nicht* inhärente Eigenschaften
3. semantische Kennzeichen des Adj.	Ordinalzahl als attrib. Adj.	bezeichnet Form und Farbe

Das obige Schema entspricht den in den normativen Grammatiken aufgeführten Positionsregeln. Ein weiteres Kriterium, das für die systematische Beschreibung ebenfalls Berücksichtigung finden sollte, hebt Weinrich (1966, 1970) hervor. Er spricht von Neigungen bzw. Tendenzen zur Voranstellung oder Nachstellung und signalisiert damit die fließenden Grenzen der Positionsregeln. Kennzeichnend für die vorangestellten Adjektive ist, daß sie »in der Regel kurz, frequent, paradigmatisch (im Sinne eines syntaktischen Paradigmas) und der Bedeutung nach vage sind« (Weinrich 1970. 241). Demgegenüber sind »die zur Nachstellung tendierenden Adjektive lang, selten, nicht-paradigmatisch im Sinne der Syntax und ihrer Bedeutung nach verhältnismäßig präzise« (Weinrich 1970. 241). Wichtig ist nach Weinrich die Kombination der Merkmale:

»Das bedeutet, daß die Zuschreibung eines Adjektivs zur einen oder anderen Klasse um so sicherer ist, je deutlicher und vollständiger die hier verzeichneten Merkmalbedingungen erfüllt sind. Es bedeutet also nicht, daß jedes kurze Adjektiv nur vorangestellt, und ebensowenig, daß jedes lange Adjektiv nur nachgestellt auftreten dürfte. Erst in der Kombination mit den anderen Klassenmerkmalen ist eine solche Zuschreibung zuverlässig.« (Weinrich 1970. 241).

Die Diskussion über die Positionsregeln des attributiven Adjektivs im Französischen ist bislang nicht entschieden.

Die Syntax des nominalen Prädikats manifestiert sich in Form von vier syntagmatischen Strukturen (vgl. Décsy 1973. 217), die jeweils durch das Vorhandensein oder Fehlen des Existenzverbs als Kopula charakterisiert sind:

1. Vorhandensein des Existenzverbs als Kopula
   vgl. Deutsch, Englisch, Spanisch, Finnisch, Griechisch, Polnisch, usw.
   Beispiele: dt. *meine Frau ist Finnin, wir sind Freunde*
2. Vorhandensein des Existenzverbs als Kopula
   (mit Ausnahme der 3. Pers. Sg. und Pl.)
   vgl. Ungarisch, Čeremissisch
   Beispiele: ung. *ő ember* ›er (ist) ein Mensch‹ (ohne Kopula), *ők emberek* ›sie (sind) Menschen‹ (ohne Kopula)
   Décsy (1973. 217) deutet das Fehlen des Existenzverbs als Nullmorphem.
3. Fehlen des Existenzverbs als Kopula
   (in allen Personen und Numeri)
   vgl. Russisch, Syrjänisch, Votjakisch
   Beispiele: russ. *Moskva stolica SSSR* ›Moskau (ist) die Hauptstadt der UdSSR‹, *vy nemcy* ›ihr (seid) Deutsche‹
4. Fehlen des Existenzverbs als Kopula; die Person-Numerus-Korrelation kommt im Rahmen der Prädikativitätsflexion zum Ausdruck
   vgl. Mokša-Mordvinisch, Erza-Mordvinisch, Jurakisch, Tatarisch, Kalmykisch

Als Beispiel gebe ich das Paradigma der Prädikativitätsflexion im Jurakischen für den Indikativ Präsens:

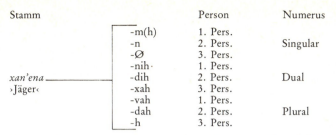

Vgl. *xan'ena* ›er ist Jäger‹, *xan'enadih* ›ihr beide seid Jäger‹, *xan'enah* ›sie sind Jäger‹, usw.
Hinsichtlich der Syntax des Fragesatzes beschränke ich mich hier auf den Typ der Entscheidungsfrage und komme dabei auf die Syntax der Affirmation und Negation zu sprechen. Von den drei konstitutiven Elementen, die den stilistisch neutralen Fragesatz vom Aussagesatz unterscheiden, ist lediglich der Tatbestand universell (d. h. allen Sprachen gemeinsam), daß der Fragesatz eine andere Intonation besitzt als der Aussagesatz. Der Intonations*unterschied* als solcher ist universell (vgl. 4.1.), nicht aber der spezifische Intonations*typ* des Fragesatzes in einzelnen Sprachen (vgl. 4.3.). Das zweite konstitutive Element ist die unterschiedliche Wortstellung. Inversion kennen dabei nur die Sprachen mit einer Wortstellung im Aussagesatz vom Typ SVO oder SOV (s. o.). Inversion tritt dabei regelmäßig bei nominalem Subjekt, nicht aber bei pronominalem Subjekt in allen Sprachen ein. Im Finnischen ist die Wortstellung bei pronominalem Subjekt im Aussagesatz und im Fragesatz gleich; vgl. *olet kotona* ›du bist zu Hause‹: *oletko kotona?* ›bist du zu Hause?‹. Das dritte konstitutive Element ist die Verwendung von Fragepartikeln. Im Finnischen, Ungarischen, Russischen usw. kennzeichnen Partikel den Fragesatz. In den meisten Sprachen Europas ist der Fragesatz durch die Kombination der beiden ersten konstitutiven Elemente charakterisiert, teilweise auch in Kombination mit dem dritten Element. In Sprachen mit einer Wortstellung im Aussagesatz vom Typ VSO tritt keine Inversion ein, der Fragesatz ist durch die Kombination des ersten (Intonation) und dritten Elements (Fragepartikel) charakterisiert; vgl. folgenden kymrischen Satz:
(Aussagesatz) *Yr ydym ni'n casglu blodau* ›wir pflücken Blumen‹
(Fragesatz) *A ydym ni'n casglu blodau* ›pflücken wir Blumen?‹
Wenn nur ein konstitutives Element den Fragesatz vom Aussagesatz unterscheidet, handelt es sich in jedem Fall um einen stilistisch *nicht* neutralen Fragesatz; vgl. dt. *er war hier : er war hier?* (nur die Intonation läßt die Frage erkennen), u. ä.
Die Bejahung der Entscheidungsfrage ist grundsätzlich auf zweierlei

Weise möglich. Entweder wird eine Bejahungspartikel (vgl. dt. *ja,* frz. *oui,* russ. *da,* usw.) verwendet, oder es wird der betreffende Satzteil, nach dem gefragt wird, wiederholt. Es gibt keine Sprache Europas, in der nicht beide Formen der Bejahung möglich sind. In den meisten Sprachen jedoch überwiegt entweder die Bejahungspartikel oder die Wiederholung. In vielen Sprachen treten beide Bejahungsweisen in Kombination auf. Als Beispiel seien die Möglichkeiten der Bejahung im Finnischen demonstriert, von denen folgende im stilistisch neutralen Satz vorkommen:

Anm.: Der Teil des Satzes, nach dem gefragt ist, wird durch die Position der Fragepartikel gekennzeichnet

kyllä ›ja‹ (Bejahung bei verbalem Frageobjekt)
niin ›ja‹ (Bejahung bei nominalem Frageobjekt)

puhutko suomea?	Antw.:	*puhun*	(›ich spreche‹)
›sprichst du finnisch?‹		*kyllä puhun*	
		puhun kyllä	
		kyllä	
suomeako puhut?	Antw.:	*niin puhun*	
›dass.‹		*niin, suomea*	
		suomea	

Die Antwort *niin puhun* widerspricht nur scheinbar dem Prinzip der Wiederholung, denn nach *suomea* ›finnisch‹ ist gefragt. Allerdings verweist die Bejahungspartikel *niin* eindeutig auf das nominale Objekt der Frage *(suomea),* die Wiederholung der Verbform ist in diesem Sinne eine inhaltliche Ergänzung der einfachen Bejahung.

Die Verneinung der Entscheidungsfrage erfolgt ebenfalls auf zweierlei Weise, durch eine Negationspartikel und durch die Wiederholung des Frageobjekts, das negiert wird. Einschränkend muß bezüglich der Wiederholung des Objekts gesagt werden, daß grundsätzlich nur das verbale, nicht das nominale Objekt wiederholt und verneint wird. Ebenso wie bei der Bejahung gilt auch für die Verneinung, daß es viele Sprachen gibt, in denen beide Möglichkeiten in Kombination auftreten (vgl. Finnisch, Kymrisch, Bulgarisch, usw.).

Von den zwei grundsätzlichen Konstruktionsvarianten des negierten Aussagesatzes ist die folgende in den meisten Sprachen Europas verbreitet:

Negationspartikel + Verbform

Im vorliegenden Zusammenhang sollen die Unterschiede hinsichtlich der Position der Negationspartikel nicht näher besprochen werden. Ich weise lediglich auf die drei Möglichkeiten der Voranstellung (vgl. span. *no vengo* ›ich komme nicht‹), der Nachstellung (vgl. dt. *sie arbeitet nicht*) sowie der Kombination von Voranstellung und

Nachstellung bei zweigliedriger Partikel (vgl. frz. *ils ne viennent pas* ›sie kommen nicht‹). Die andere Konstruktionsvariante ist in einigen Sprachen Osteuropas vertreten:
Negationsverb + Stamm des Vollverbs
Das Negationsverb ist dabei eine flektierte Negationspartikel (vgl. die Prädikativitätsflexion als syntaktisches Phänomen). Diese Konstruktionsvariante findet sich im Finnischen, Lappischen, Čeremissischen, Votjakischen, Mokša- und Erza-Mordvinischen, Syrjänischen, Čuvašischen, Tatarischen, Baškirischen, Jurakischen und Kalmykischen. Das Prinzip soll am Beispiel des Finnischen erläutert werden:

Negationsverb　　　　　　　　Vokalstamm des Vollverbs
1. Pers. Sg. *en*
2. Pers. Sg. *et*
3. Pers. Sg. *ei*　　　　　　　*kirjoita* (Infinitiv: *kirjoittaa* ›schreiben‹)
　　　　　　　　　　　　　　syö (Infinitiv *syödä* ›essen‹)
1. Pers. Pl. *emme*　　　　　*mene* (Infinitiv *mennä* ›gehen‹)
2. Pers. Pl. *ette*
3. Pers. Pl. *eivät*

Vgl. *emme mene* ›wir gehen nicht‹ (wörtl. ›wir nicht – gehe–‹), *et kirjoita* ›du schreibst nicht‹, *eivät syö* ›sie essen nicht‹.

4.3. Europäische Isolationismen

Das Inventar sprachlicher Elemente der Systemebene weist sowohl in der Phonologie als auch im grammatischen Bau sowie in der Syntax der europäischen Einzelsprachen eine bestimmte Anzahl von Einheiten auf, die sich aufgrund ihrer geringen Verbreitung im gesamteuropäischen Vergleich als Isolationismen identifizieren lassen. Typisch für diese Isolationismen ist, daß ihre Existenz im System einer Sprache nicht durch ihre genetische Verwandtschaft mit einer Nebensprache (vgl. 1.3.) und/oder durch ihre areale Nachbarschaft mit einer anderen Sprache (vgl. Haarmann 1976a) zu erklären ist. Es handelt sich jeweils um isolierte Sonderentwicklungen, die ebenso wie die zahlreichen minoritären Phänomene das Inventar der Systemeinheiten im europäischen Sprachendiagramm beträchtlich erweitern. Isolationismen sind die im folgenden angeführten Systemeinheiten:
a) Die Differenzierung der Liquida im phonologischen System: Außer den Phonemen /l/ und /r/, den zum Inventar des europäischen Minimalsystems (Normalsystems) gehörenden stimmhaften Liquida, sind in wenigen Sprachen noch andere Liquidalaute phono-

logisiert. Es handelt sich dabei in erster Linie um die stimmlosen Entsprechungen zu /l/ und /r/, und zwar /L/ und /R/. Grundsätzlich läßt sich feststellen, daß /L/ häufiger auftritt als /R/, und daß /L/ in jedem Fall vorhanden ist, wenn /R/ als Phonem in irgendeiner Sprache existiert. /L/ gehört zum Phonensystem des Mokša-Mordvinischen, des Kymrischen, des Irischen sowie des Sardischen (logudoresischer Dialekt); /R/ tritt im Mordvinischen und Baskischen auf, im Irischen und Kymrischen handelt es sich bei [R] um eine kombinatorische Variante des Phonems /r/, die auf die Position im absoluten Silbenanlaut beschränkt ist, im Logudoresischen existiert kein Phonem /R/. Die Oppositionsbildung ist somit im Mordvinischen am vielfältigsten. Das Vorkommen der Phoneme /L/ und /R/ in den phonologischen Systemen der erwähnten Sprachen läßt sich folgendermaßen schematisch veranschaulichen:

	Mokša-Mordv.	Kymr.	Ir.	Sard.	Bask.
/L/	+	+	+	+	−
/R/	+	komb. Var.	komb. Var.	−	+

Die obige Anmerkung über den Charakter der Isolationismen wird an diesem Beispiel dadurch bestätigt, daß in den jeweils am nächsten verwandten Sprachen (vgl. Mokša-Mordv./Erza-Mordv.; Kymrisch/Bretonisch, Sardisch/Italienisch) die betreffenden Phoneme nicht auftreten.

Aussagen über das Vorkommen der Phoneme /L/ und /R/ verweisen – dies sei nebenbei angemerkt – auf eine Sprache, die ein Maximalinventar von Liquidaphonemen aufweist. Das phonologische System des Mokša-Mordvinischen kennt insgesamt acht verschiedene Liquida. Diese stehen im Rahmen der Stimmton- und Palatalitätskorrelation in Opposition zueinander. In schematischer Übersicht sieht dies so aus:

/l/ /l'/
/L/ /L'/
  /r/ /r'/
  /R/ /R'/

Auch /ř/, ein spirantisiertes r tritt nur selten auf. Als Phonem ist es eine Systemeinheit des Tschechischen sowie des Kaschubischen. Als Laut (Phon) ist das [ř] aus anderen Sprachen bekannt. Es gibt im Englischen beispielsweise eine Tendenz zur Spirantisierung eines r in bestimmter Umgebung (vgl. *tragic, tricky,* u. ä.).

In fast allen europäischen Sprachen ist die Unterscheidung von Zungenspitzen-r und Zäpfchen-r nicht phonematisch, obwohl diese verschiedenen Qualitäten des Liquidalautes nicht selten nebeneinander auftreten. In der hochdeutschen Standardsprache ist das Zäpfchen-r

die Norm, ebenso in der französischen Standardsprache (vgl. r grasseyé). In beiden Sprachen tritt das Zungenspitzen-r (vgl. r roulé) in landschaftlichen Varietäten bzw. abhängig von der Artikulationsweise einzelner Sprecher (idiolektale Variante) auf. In keiner der beiden Sprachen stellt allerdings die unterschiedliche Artikulationsart ein distinktives Merkmal dar. In anderen europäischen Sprachen ergeben sich ähnliche Artikulationsunterschiede, die jedoch nirgends phonematisiert sind (vgl. Kymrisch, Englisch, usw.).
In einer Sprache Europas, im Maltesischen, existieren zwei r-Phoneme, u. z.

ra' /r/ (Zungenspitzen-r)
ġajn /ʁ/ (Zäpfchen-r)

Diese Feststellung gilt nicht nur für das Maltesische, sondern für alle arabischen Dialekte bzw. Regionalsprachen. Martinet (1970. 53) hatte bereits auf die beiden r-Phoneme im Arabischen hingewiesen, allerdings keine Minimalpaare zur Illustration angeführt. Ich gebe im folgenden einige Minimalpaare aus der arabischen Schriftsprache:

radiya ›zugrunde gehen‹
ġadiya ›frühstücken‹

rašša ›besprengen (mit Wasser)‹
ġašša ›unredlich handeln‹

ramma ›reparieren‹
ġamma ›bedecken‹

rafala ›stolzieren‹
ġafala ›vernachlässigen‹

raṣṣa ›zusammenpressen‹
ġaṣṣa ›ersticken‹

b) Die dreigliedrige Quantitätenkorrelation im phonologischen System: Als Isolationismus im europäischen Sprachendiagramm ist die komplexe dreigliedrige Quantitätenkorrelation anzusehen, wie sie im Estnischen existiert. Die Vokalphoneme und Konsonantenphoneme stehen nicht nur aufgrund von Kürze bzw. Länge (vgl. 4.2.1.) zueinander in Opposition, sondern sie sind in Form einer dreigliedrigen Korrelation differenziert; vgl. einige Auswahlbeispiele:

Quantitätenkorrelation

kurz (I. Stufe)	mittellang (lang) (II. Stufe)	lang (überlang) (III. Stufe)
/a/ ›a‹	/ā/ ›aa‹	/â/ ›aa‹
sada ›hundert‹	*saada* ›schicke‹	*saada* ›erhalten‹
/u/ ›u‹	/ū/ ›uu‹	/û/ ›uu‹
kuri ›böse‹	*kurri* ›des Schuppens‹	*kuuri* ›in den Schuppen‹

Sonagramm 1 (Frequenzausschnitt) des deutschen Satzes »Gehen Sie ins Kino?«

g e n z i n s   k i n o

Sprecher: H. Haarmann

3. Oberton
2. Oberton
1. Oberton
Grundton

Sonagramm 2 (Frequenzausschnitt) des finnischen Satzes »Menettekö elokuviin?«

2. Oberton

1. Oberton

Grundton

m e n e t e k ø ɛ l ɔ k u v i i n

Sprecherin: A.-L. Värri Haarmann

/k/ ›g‹	/k̄/ ›k‹	/k̿/ ›kk‹
mägi ›Berg‹	*lōke* ›Lagerfeuer‹	*mäkke* ›in den Berg‹
/m/ ›m‹	/m̄/ ›mm‹	/m̿/ ›mm‹
sama ›derselbe‹	*sammu* ›des Schrittes‹	*homme* ›morgen‹
/p/ ›b‹	/p̄/ ›p‹	/p̿/ ›pp‹
tuba ›Zimmer‹	*hüpe* ›Sprung‹	*tuppa* ›in das Zimmer‹

Das Jurakische kennt die dreigliedrige Quantitätenkorrelation im Vokalismus (vgl. Tereščenko 1966. 377).

c) Differenzierung des interrogativen Intonationstyps: Untersuchungen zur Intonation des Fragesatzes in verschiedenen Sprachen haben zur Identifizierung eines besonderen Typs von Intonation geführt, des sogenannten interrogativen Typs. Assoziiert wird dabei, daß die Intonationskurve gegen Ende des (stilistisch neutralen) Fragesatzes ansteigt. Die meisten Sprachen Europas kennen den interrogativen Intonationstyp mit dem Charakteristikum einer ansteigenden Kurve, ähnlich, wie es mit Hilfe des Sonagramms am Beispiel des Hochdeutschen veranschaulicht ist (vgl. Sonagramm 1). Im Finnischen dagegen ist die Intonation des Fragesatzes steigend-fallend (vgl. Sonagramm 2). Es wäre nicht gerechtfertigt, die Existenz des interrogativen Intonationstyps im Finnischen zu negieren, denn der Fragesatz besitzt eine spezifische Intonation. Nur ist diese im Finnischen anders als in den meisten Sprachen. Die Orientierung in der linguistischen Begriffsbildung an den Verhältnissen in west- und mitteleuropäischen Sprachen wird mit dieser Gegenüberstellung offensichtlich, gleichzeitig illustriert sie die Abhängigkeit in der Definition dieses Terminus von den Verhältnissen in diesen Sprachen (vgl. Lewandowski 1973. 294 f.). Der sogenannte interrogative Intonationstyp mit ansteigender Kurve ist durchaus nicht universell. Will man auch weiterhin diesen Terminus verwenden, muß differenziert werden, etwa in folgender Weise:

Interrogativer Intonationstyp$_1$ (Beispiel: Deutsch)
Interrogativer Intonationstyp$_2$ (Beispiel: Finnisch)

Ein steigend-fallender Verlauf der Intonation beim Fragesatz wie im Finnischen ist in Europa nur noch für das Ungarische charakteristisch (vgl. Tompa 1972. 224). Die schematisiert dargestellte Intonationskurve bei Tompa läßt jedoch nicht erkennen, ob das Abfallen der Kurve im Ungarischen vergleichbar ist mit den Verhältnissen im Finnischen. Von den außereuropäischen Sprachen, in denen der interrogative Intonationstyp$_2$ vertreten ist, erwähne ich das Türkische.

d) Der semitische Aspekttyp als Isolationismus

Das Verbsystem der einzigen semitischen Sprache Europas, des Maltesischen, ist durch eine spezifische Aspektopposition strukturiert. Spezifisch ist der Aspekttyp, der mit dem in slavischen (vgl. 3.1.2., Beispiel a) oder in romanischen Sprachen (vgl. 3.1.2., Beispiel b) nicht vergleichbar ist. Der Aspekttyp ist im Maltesischen als *kursiv-statives* Oppositionspaar repräsentiert, im Slavischen dagegen als *imperfektiv-perfektives* Oppositionspaar. Im Zusammenhang mit der Analyse der verbalen Kategorien in europäischen Sprachen wurde der semitische Aspekttyp vorgestellt (vgl. 3.1.2., Beispiel c).

e) Subordination durch Flexion des Infinitivs

In den europäischen Sprachen ist diese Kategorie (flektierter Infinitiv) als strukturell-grammatische Systemeinheit nur im Portugiesischen und Spanischen ausgeprägt. Im Spanischen handelt es sich dabei um eine Erscheinung der älteren Sprache, im Portugiesischen ist der flektierte Infinitiv sowohl in der geschriebenen als auch in der gesprochenen Sprache üblich. Die Endungen des persönlichen Infinitivs im Portugiesischen stimmen mit denen des Konjunktivs Futur überein (vgl. *-r, -res, -r, -rmos, rdes, -rem*), vgl.:
quando chegar a casa / ao chegar a casa
›wenn er nach Hause kommt‹
quando chegarmos a casa / ao chegarmos a casa
›wenn wir nach Hause kommen‹
Ein typologisch vergleichbares Phänomen ist der Infinitiv der Vergangenheit im Altnorwegischen und Altisländischen (vgl. Bemerkungen hierzu bei Kuryłowicz 1964. 163 f.).

Literaturverzeichnis

In Anbetracht des weitgesteckten Themenkreises und der zahlreichen behandelten Sprachen ist es selbstverständlich, daß die bibliographischen Angaben nur auf eine beschränkte Auswahl von Titeln verweisen. Die genannten Studien enthalten ihrerseits so viele weiterführende Hinweise, daß eine bibliographische Orientierung über die in diesem Buch bearbeiteten Sachgebiete ohne Schwierigkeiten möglich ist.

Achmanova, O. S. (1966), Slovar' lingvističeskich terminov (Wörterbuch linguistischer Termini). Moskau
Admoni, W. G. (1960), Der deutsche Sprachbau. Theoretische Grammatik der deutschen Sprache. Leningrad (3. Aufl. 1970)
Alexejew, P. M. – Kalinin, W. M. – Piotrowski, R. G. (Red.) (1973), Sprachstatistik. München – Salzburg
Altmann, G. – Lehfeldt, W. (1972), Typologie der phonologischen Distributionsprofile, in: Beiträge zur Linguistik und Informationsverarbeitung 22 (1972). S. 8–32
–, (1973), Allgemeine Sprachtypologie – Prinzipien und Meßverfahren. UTB 250. München
Auburger, L. (1975), Sprachliche Subsysteme: Linguistische Untersuchung zur philosophischen Fachsprache bei M. V. Lomonosov. Schriften der Stiftung Europa-Kolleg 29. Hamburg
Bach, E. – Harms, R. T. (Ed.) (1968), Universals in linguistic theory. London
Bartsch, R. – Vennemann, T. (1973), Sprachtheorie, in: Lexikon der Germanistischen Linguistik (Hrsg.: H. P. Althaus – H. Henne – H. E. Wiegand). Tübingen, S. 34–55
Beauzée, N. (1767), Grammaire générale ou exposition raisonnée des éléments nécessaires du langage. Pour servir de fondement à l'étude de toutes les langues. Paris
Beneš, E. (1971), Fachtext, Fachstil und Fachsprache, in: Sprache der Gegenwart, Schriften des Instituts für deutsche Sprache 13. Düsseldorf, S. 118–132
Birnbaum, H. (1970), Problems of typological and genetic linguistics viewed in a generative framework. The Hague
Brugmann, K. (1904), Die Demonstrativpronomina der indogermanischen Sprachen – Eine bedeutungsgeschichtliche Untersuchung. Abhandlungen der phil.-hist. Klasse d. königl.-sächs. Ges. d. Wiss. 22. Leipzig
Brugmann, K. – Delbrück, B. (1916), Grundriß der vergleichenden Grammatik der indogermanischen Sprachen, Bd. 2. Straßburg
Chomsky, N. (1965), Aspects of the theory of syntax. Cambridge/Mass.
–, (1969), Aspekte der Syntax-Theorie. Frankfurt a. M. – Berlin
CLG vgl. Saussure 1967, 1974
Coseriu, E. (1958 = 1969), Sincronía, diacronía e historia – El problema del cambio lingüístico (dt., vgl. Coseriu 1974). Montevideo (Nachdruck Tübingen)
–, (1969a), Einführung in die Strukturelle Linguistik. Tübingen
–, (1969b), Kommentar zu Gabelentz 1901 = 1969, S. 5–40
–, (1970), Einführung in die Transformationelle Grammatik. Tübingen

–, (1972a), Die Geschichte der Sprachphilosophie von der Antike bis zur Gegenwart – Eine Übersicht, Teil II: Von Leibniz bis Rousseau. Tübinger Beiträge zur Linguistik 28. Tübingen

–, (1972b), Über die Sprachtypologie Wilhelm von Humboldts, in: Beiträge zur vergleichenden Literaturgeschichte (Festschrift Wais), S. 107–135

–, (1974), Synchronie, Diachronie und Geschichte – Das Problem des Sprachwandels. München

–, (1975), Die sprachlichen (und die anderen) Universalien, in: Sprachtheorie (Hrsg.: B. Schlieben-Lange). Hamburg, S. 127–161

Daum, E. – Schenk, W. (1966), Die russischen Verben. Leipzig (5. Aufl.)

Décsy, G. (1973), Die linguistische Struktur Europas. Vergangenheit – Gegenwart – Zukunft. Wiesbaden

Dirven, R. (1976), A redefinition of contrastive linguistics, in: International Review of Applied Linguistics in Language Teaching 14 (1976). S. 1–14

Dirven, R. – Radden, G. (1976), Semantische Syntax des Englischen. Ein Arbeitsbuch. Wiesbaden

Dirven, R. u. a. (1976), Die Leistung der Linguistik für den Englischunterricht. Anglistische Arbeitshefte 1. Tübingen

Dressler, W. (1967), Wege der Sprachtypologie, in: Die Sprache 13 (1967). S. 1–19

–, (1973), Sprachtypologie, in: Lexikon der Germanistischen Linguistik (Hrsg.: H. P. Althaus – H. Henne – H. E. Wiegand). Tübingen, S. 470–474

Faseev, F. S. (1966), Kratkij grammatičeskij spravočnik tatarskogo jazyka (Kurzer grammatischer Abriß der tatarischen Sprache), in: Tatarsko-russkij slovar' (Tatarisch-russisches Wörterbuch). Moskau, S. 807–863

Finck, F. N. (1909), Die Haupttypen des Sprachbaus. Leipzig (5. Aufl. 1965)

Gabelentz, G. v. d. (1901 = 1969), Die Sprachwissenschaft, ihre Aufgaben, Methoden und bisherigen Ergebnisse. Leipzig (2. Aufl.), Nachdruck mit Kommentar von E. Coseriu. Tübinger Beiträge zur Linguistik 1. Tübingen

Gipper, H. (1972), Gibt es ein sprachliches Relativitätsprinzip? Untersuchungen zur Sapir-Whorf-Hypothese. Frankfurt a. M.

Girard, G. (1747), Les vrais principes de la langue françoise ou la parole réduite en méthode conformément aux loix de l'usage en seize discours. Paris

Grande, B. M. (1972), Vvedenie v sravnitel'noe izučenie semitskich jazykov (Einführung in das vergleichende Studium der semitischen Sprachen). Moskau

Greenberg, J. H. (1960), A quantitative approach to the morphological typology of languages, in: International Journal of American Linguistics 26 (1960). S. 178–194

–, (1966), Language universals. The Hague

–, (1973a), Some universals of grammar with particular reference to the order of meaningful elements, in: Greenberg 1973b. S. 73–113

–, (1974), Language typology: A historical and analytic overview. The Hague – Paris

–, (Ed.) (1973b), Universals of language. Cambridge/Mass. (Neudruck der 2. Aufl., 1966, 1. Aufl. 1963)

Greenberg, J. H. – Osgood, C. E. – Jenkins, J. J. (1973), Memorandum concerning language universals, in: Greenberg 1973b. xv–xxvii

Haarmann, H. (1970a), Die indirekte Erlebnisform als grammatische Kategorie – Eine eurasische Isoglosse. Veröffentlichungen der Societas Uralo-Altaica 2. Wiesbaden

–, (1970 b), Der lateinische Lehnwortschatz im Kymrischen (Diss.). Romanistische Versuche und Vorarbeiten 36. Bonn

–, (1971 a), Aspektkorrelation im Slavischen und Semitischen, in: Sodalicium Slavizantium Hamburgense (Festschrift Gerhardt). Amsterdam, S. 213–232

–, (1971 b), Verbale und pronominale Grammatisierung der indirekten Erlebnisform, in: Ural-Altaische Jahrbücher 43 (1971). S. 89–99

–, (1972 a), Zur Polyfunktionalität finnischer Suffixe, in: Ural-Altaische Jahrbücher 44 (1972). S. 144–152

–, (1972 b), Polyfunktionale Suffixe im Neurussischen, in: Semantische Hefte 1. S. 70–82

–, (1975 a), Soziologie und Politik der Sprachen Europas. dtv 4161 (WR). München

–, (1975 b), Polyfunktionale Suffixe im Spanischen, in: Filología y didáctica hispánica (Homenaje a H.-K. Schneider), S. 87–114. Romanistik in Geschichte und Gegenwart 1. Hamburg

–, (1976 a), Aspekte der Arealtypologie – Die Problematik der europäischen Sprachbünde. Tübinger Beiträge zur Linguistik 72. Tübingen

–, (1976 b), Das geolinguistische Studium der EG-Sprachen als Modell einer vergleichenden Europäistik, in: Sprachen und Staaten (Festschrift Kloss), Teil I, S. 67–121. Schriftenreihe zur Europäischen Integration 15. Hamburg

–, (1976 c), Die Klassifikation der romanischen Sprachen in den Werken der Komparativisten aus der zweiten Hälfte des 18. Jahrhunderts (Rüdiger, Hervás, Pallas), in: In Memoriam Friedrich Diez, Akten des Trierer Kolloquiums zur Wissenschaftsgeschichte der Romanistik (2.–4. Okt. 1975). Amsterdam, S. 221–243

Habermas, J. (1971), Vorbereitende Bemerkungen zu einer Theorie der kommunikativen Kompetenz, in: Theorie der Gesellschaft oder Sozialtechnologie (Hrsg.: J. Habermas – N. Luhmann). Frankfurt a. M., S. 101–141

Hamm, J. (1967), Grammatik der serbokroatischen Sprache. Wiesbaden

Heger, K. (1963), Die Bezeichnung temporal-deiktischer Begriffskategorien im französischen und spanischen Konjugationssystem. Beihefte zur Zeitschrift für Romanische Philologie 104. Tübingen

–, (1967), Temporale Deixis und Vorgangsquantität (»Aspekt« und »Aktionsart«), in: Zeitschrift für Romanische Philologie 83 (1967). S. 512–582

Hjelmslev, L. (1968), Die Sprache – Eine Einführung. Darmstadt

Hockett, C. F. (1968), A course in modern linguistics. New York (13. Aufl.)

–, (1973), The problem of universals in language, in: Greenberg 1973 b. S. 1–29

Horálek, K. (1962), Úvod do studia slovanských jazyků (Einführung in das Studium der slavischen Sprachen). Prag

Horne, K. M. (1966), Language typology: 19th and 20th century views. Washington

Humboldt, W. v. (1822), Über das Entstehen der grammatischen Formen, und ihren Einfluß auf die Ideenentwicklung, in: Werke (Hrsg.: A. Flitner – K. Giel), Bd. 3. Darmstadt 1963. S. 31–63

–, (1827–29), Über die Verschiedenheiten des menschlichen Sprachbaues, in: Werke, Bd. 3. Darmstadt 1963. S. 144–367

–, (1830–35), Über die Verschiedenheit des menschlichen Sprachbaues und ihren Einfluß auf die geistige Entwicklung des Menschengeschlechts, in: Werke, Bd. 3. Darmstadt 1963. S. 368–756

Imbs, P. (1960), L'emploi des temps verbaux en français moderne. Paris

Jakobson, R. (1931), Die Betonung und ihre Rolle in der Wort- und Syntagmaphonologie, in: Travaux du Cercle Linguistique de Prague 4. S. 164–182
–, (1973), Implications of language universals for linguistics, in: Greenberg 1973 b. S. 263–278
Jakobson, R. – Halle, M. (1956), Fundamentals of language. The Hague (2. Aufl. 1971)
Jarceva, V. N. – Serebrennikov, B. A. (Red.) (1976), Principy opisanija jazykov mira (Prinzipien der Beschreibung der Sprachen der Welt). Moskau.
Jónsson, S. (1946), A primer of modern Icelandic. London
Katz, J. J. (1970), Philosophie der Sprache. Frankfurt a. M.
Kaznelson, S. D. (1974), Sprachtypologie und Sprachdenken. München
Kert, G. M. (1971), Saamskij jazyk. Kil'dinskij dialekt (Die lappische Sprache. Der kildinische Dialekt). Leningrad
King, R. D. (1971), Historische Linguistik und generative Grammatik. Frankfurt a. M.
Kiparsky, P. (1968), Tense and mood in Indo-European syntax, in: Foundations of Language 4 (1968). S. 30–57
Klein, H. G. (1974), Tempus, Aspekt, Aktionsart. Romanistische Arbeitshefte 10. Tübingen
Klein, H. W. (1973), Phonetik und Phonologie des heutigen Französisch. München (4. Aufl.)
Kloss, H. (1969), Völker, Sprachen, Mundarten, in: Europa Ethnica 26 (1969). S. 146–155
Koch, W. (1964), A generative model of language and the typology of languages, in: Orbis 13 (1964). S. 7–27
Koschmieder, E. (1929 = 1971), Zeitbezug und Sprache. Ein Beitrag zur Aspekt- und Tempusfrage. Leipzig – Berlin (Nachdruck 1971)
Krámský, J. (1972), On some problems of quantitative typology of languages on acoustic level, in: Prague Studies in Mathematical Linguistics 3 (1972). S. 15–26
Kreppner, K. (1975), Zur Problematik des Messens in den Sozialwissenschaften. Stuttgart
Krupa, V. (1965), On quantification of typology, in: Linguistics 12 (1965). S. 31–36
Kuryłowicz, J. (1964), The inflectional categories of Indo-European. Heidelberg
Kuznecov, P. S. (1960), Die morphologische Klassifikation der Sprachen. Halle (2. Aufl.)
Labov, W. (1972), Sociolinguistic patterns. Conduct and Communication 4. Philadelphia
Lafon, R. (1972), Basque, in: Current Trends in Linguistics (Ed.: T. A. Sebeok), Bd. 9: Linguistics in Western Europe. The Hague – Paris, S. 1744–1792
Lausberg, H. (1963), Romanische Sprachwissenschaft I: Einleitung und Vokalismus. Berlin (2. Aufl.)
Lehfeldt, W. (1972), Phonologische Typologie der slavischen Sprachen, in: Die Welt der Slaven 17 (1972). S. 318–340
–, (1975), Die Verteilung der Phonemanzahl in den natürlichen Sprachen, in: Phonetica 31 (1975). S. 274–287
Lehfeldt, W. – Altmann, G. (1975), Begriffskritische Untersuchungen zur Sprachtypologie, in: Linguistics 144 (1975). S. 49–78
Lewandowski, T. (1973–75), Linguistisches Wörterbuch, 3 Bde. UTB 200/201/300. München

Lewis, H. – Pedersen, H. (1961), A concise comparative Celtic grammar. Göttingen

Lewy, E. (1942 = 1964), Der Bau der europäischen Sprachen. Dublin (2. Aufl. Tübingen)

Lieb, H.-H. (1970), Sprachstadium und Sprachsystem: Umrisse einer Sprachtheorie. Stuttgart

Lohmann, J. (1975), Die Sprache als das Fundament des Menschseins, in: Neue Anthropologie (Hrsg.: H.-G. Gadamer – P. Vogler), Bd. 7. Stuttgart, S. 204–234

Lyons, J. (1972), Einführung in die moderne Linguistik. München (2. Aufl.)

Majtinskaja, K. E. (1969), Mestoimenija v jazykach raznych sistem (Die Pronomina in Sprachen verschiedener Systeme). Moskau

Manoliu-Manea, M. (Ed.) (1970), Quelques remarques sur la flexion nominale romane. Bucarest

Martinet, A. (1970), Grundzüge der Allgemeinen Sprachwissenschaft. UB 69. Stuttgart u. a. (4. Aufl.)

Mathesius, V. (1928), On linguistic characterology with illustrations from modern English, in: Actes du Ier Congrès International de Linguistes. Leiden, S. 56–63

Menges, K. H. (1968), The Turkic languages and peoples – An introduction to Turkic studies. Wiesbaden

Menovščikov, G. A. (1962), Grammatika jazyka aziatskich eskimosov I: Fonetika, morfologija imennych častej reči (Grammatik der Sprache der asiatischen Eskimos I: Phonetik, Morphologie der nominalen Redeteile). Moskau – Leningrad

Menzerath, P. (1954), Die Architektonik des deutschen Wortschatzes. Bonn – Hannover – Stuttgart

Meščaninov, I. N. (1967), Ergativnaja konstrukcija v jazykach različnych tipov (Die Ergativkonstruktion in Sprachen verschiedener Typen). Leningrad

Milewski, T. (1970), Voraussetzungen einer typologischen Sprachwissenschaft, in: Linguistics 59 (1970). S. 62–107

Monreal-Wickert, I. (1976), Sprachtypologie statt Sprachgeschichte: Eine rationalistische Antwort auf den Sensualismus, in: In Memoriam Friedrich Diez, Akten des Trierer Kolloquiums zur Wissenschaftsgeschichte der Romanistik (2.–4. Okt. 1975). Amsterdam, S. 197–219

Næs, O. (1965), Norsk grammatikk. Elementære strukturer og syntaks (Norwegische Grammatik. Elementarstrukturen und Syntax). Oslo (2. Aufl.)

Nickel, G. (1973), Kontrastive Linguistik, in: Lexikon der Germanistischen Linguistik (Hrsg.: H. P. Althaus – H. Henne – H. E. Wiegand). Tübingen, S. 462–469

Panfilov, V. Z. (1969), O zadačach tipologičeskich issledovanij i kriterijach tipologičeskoj klassifikacii jazykov (Über die Aufgaben der typologischen Forschungen und die Kriterien der typologischen Sprachklassifikation), in: Voprosy Jazykoznanija 1969/4. S. 3–15

Panov, M. V. (1966), Russkij jazyk (Die russische Sprache), in: Jazyki narodov SSSR I (Die Sprachen der Völker der Sowjetunion I), Red.: V. V. Vinogradov. Moskau, S. 55–122

Pollak, W. (1960), Studien zum Verbalaspekt im Französischen. Wien

–, (1968), Linguistik und Literatur – Zu Harald Weinrich »Tempus – Besprochene und erzählte Welt«, in: Zeitschrift für Romanische Philologie 84 (1968). S. 380–480

Popper, K. R. (1964), Naturgesetze und theoretische Systeme, in: Theorie und Realität (Hrsg.: H. Albert). Tübingen, S. 87–102
Pottier, B. (1968), La typologie, in: Le langage (Ed.: A. Martinet). Paris, S. 300–322
Prideaux, G. D. (1970), The syntax of Japanese honorifics. The Hague
Ramat, P. (1973), Del problema della tipologia linguistica in Wilhelm von Humboldt e d'altro ancora (Zum Problem der Sprachtypologie bei Wilhelm von Humboldt und noch anderes), in: Lingua e stile 8 (1973). S. 37–59
–, (1976), La linguistica tipologica (Die typologische Linguistik), in: La tipologia linguistica (Die Sprachtypologie), Ed.: P. Ramat. Rom, S. 7–46
Revzin, I. I. (1962), Modeli jazyka (Sprachmodelle). Moskau
Ross, J. R. (1970), Gapping and the order of constituents, in: Progress in Linguistics – A collection of papers (Ed.: M. Bierwisch – K. E. Heidolph). The Hague – Paris, S. 249–259
Roždestvenskij, J. V. (1969), Tipologija slova (Typologie des Wortes). Moskau
Rundgren, F. (1959), Intensiv und Aspektkorrelation. Studien zur äthiopischen und akkadischen Verbalstammbildung. Uppsala Universitets Årsskrift 1959: 5. Uppsala – Wiesbaden
–, (1963), Erneuerung des Verbalaspekts im Semitischen – Funktionell-diachronische Studien zur semitischen Verblehre. Acta Societatis Linguisticae Upsaliensis, Nova Series 1:3. Uppsala
Sapir, E. (1921), Language. New York
–, (1961), Die Sprache. München
Saussure, F. de (vgl. CLG) (1967), Grundfragen der allgemeinen Sprachwissenschaft. Berlin (2. Aufl.)
–, (1974), Cours de linguistique générale (édition critique préparée par T. de Mauro). Paris (2. Aufl.)
Schlegel, A. W. (1818), Observations sur la Langue et la Littérature Provençales. Paris (Nachdruck mit Kommentar von G. Narr). Tübinger Beiträge zur Linguistik 7. Tübingen 1971
Schlieben-Lange, B. (1975), Linguistische Pragmatik. UB 198. Stuttgart u. a.
Schmidt, W. (1967), Grundfragen der deutschen Grammatik. Eine Einführung in die funktionale Sprachlehre. Berlin
Smith, A. (1761), A dissertation on the origin of languages (Nachdruck mit Kommentar von E. Coseriu). Tübinger Beiträge zur Linguistik 3. Tübingen 1970
Schmitt-Brandt, R. (1966), Die Beziehung zwischen Morphem und Funktion als Kriterium einer Sprachtypologie, in: Zeitschrift für vergleichende Sprachforschung 80 (1966). S. 212–246
Sgall, P. (1971), On the notion ›Type of language‹, in: Travaux linguistiques de Prague 4 (1971). S. 75–87
Sicard, R. A. (1790), Cours d'instruction d'un sourd-muet de naissance pour servir à l'éducation des sourds-muets. Paris
Sjölin, B. (1969), Einführung in das Friesische. Stuttgart
Skalička, V. (1966a), Ein ›typologisches Konstrukt‹, in: Travaux linguistiques de Prague 2 (1966). S. 157–163
–, (1966b), K voprosu o tipologii (Zur Frage der Typologie), in: Voprosy Jazykoznanija 1966/4. S. 22–30
–, (1968), Zum Donausprachbund, in: Ural-Altaische Jahrbücher 40 (1968). S. 3–9
Sokal, R. R. – Sneath, P. H. A. (1963), Principles of numerical taxonomy. San Francisco

Steinthal, H. (1860), Charakteristik der hauptsächlichsten Typen des Sprachbaues. Berlin
Stepanov, J. S. (1975), Osnovy obščego jazykoznanija (Grundlagen der allgemeinen Sprachwissenschaft). Moskau
Šabršula, J. (1969), L'aspect de l'action verbale et les sous-aspects, in: Acta Universitatis Carolinae Philologica 1, Romanistica Pragensia 6 (1969). S. 109–143
Tereščenko, N. M. (1966), Neneckij jazyk (Die jurakische Sprache), in: Jazyki narodov SSSR III (Die Sprachen der Völker der Sowjetunion III), Red.: V. I. Lytkin. Moskau, S. 376–395
Thurneysen, R. (1885), Der indogermanische imperativ, in: Zeitschrift für vergleichende Sprachforschung 27 (1885). S. 172–180
Tompa, J. (1972), Kleine ungarische Grammatik. Leipzig
Trubetzkoy, N. S. (1939), Gedanken über das Indogermanenproblem, in: Acta Linguistica 1 (1939). S. 81–89
Uspenskij, B. A. (1962), Principy strukturnoj tipologii (Prinzipien der strukturellen Typologie). Moskau
–, (1965), Strukturnaja tipologija jazykov (Strukturelle Typologie der Sprachen). Moskau
Vater, H. (1975), *werden* als Modalverb, in: Aspekte der Modalität (Hrsg.: J. P. Calbert – H. Vater), Studien zur deutschen Grammatik 1. Tübingen, S. 71–148)
Vinogradov, V. V. (1960), Grammatika russkogo jazyka I: Fonetika i morfologija (Grammatik der russischen Sprache I: Phonetik und Morphologie). Moskau
Wackernagel, J. (1926), Vorlesungen über Syntax mit besonderer Berücksichtigung von Griechisch, Lateinisch und Deutsch. Basel (2. Aufl. 1950)
Wagner, H. (1959), Das Verbum in den Sprachen der britischen Inseln. Tübingen
Weinrich, H. (1958), Phonologische Studien zur romanischen Sprachgeschichte. Münster
–, (1964), Tempus – Besprochene und erzählte Welt. Stuttgart (2. Aufl. 1971)
–, (1966), La place de l'adjectif en français, in: Vox Romanica 25 (1966). S. 82–89
–, (1970), Über Regel und Ausnahme bei der Stellung des Adjektivs in der französichen Sprache, in: Romanische Forschungen 82 (1970). S. 241–252
Whorf, B. L. (1962), Language, thought, and reality. New York (5. Aufl.)
Wunderlich, D. (1970), Die Rolle der Pragmatik in der Linguistik, in: Der Deutschunterricht 22/4 (1970). S. 5–41
Yngve, V. H. (1960), A model and a hypothesis for language structure, in: Proceedings of the American Philosophical Society 104 (1960). S. 444–466
Zabrocki, L. (1970), Grundfragen der konfrontativen Grammatik, in: Probleme der kontrastiven Grammatik (Hrsg.: H. Moser). Düsseldorf, S. 31–52